독서의 온도
모임의 체온

책의 온기를 유지하는
유료 독서모임 운영법

독서의 온도
모임의 체온

김성환 지음

산지니

프롤로그
독서모임, 어떻게 지속할 수 있을까

"돼지 콜레라 얘기 대신 책 얘기를 했고, 무엇보다 그런 얘기를 나눌 친구를 사귄 거지."

매리 앤 섀퍼의 소설 『건지 감자껍질파이 북클럽』에서 제가 제일 좋아하는 문장입니다. 소설은 제2차 세계대전 당시 영국의 건지섬에서 일어난 북클럽에 관한 이야기가 담겨 있습니다. 누군가는 생존을 위해, 누군가는 사람이 그리워, 누군가는 친구를 따라서 북클럽에 모였습니다. 그들은 전쟁이라는 극한의 상황 속에서 한 인물의 집 서재에 옹기종기 모여 책을 읽고 이야기하는 그 순간, 살아 있음을 느끼게 됩니다. 제가 좋아하는 저 문장은 지금의 책을 대변하는 텍스트이기도 합니다.

스물네 살의 어느 토요일 오전이었습니다. 생애 처음으로 독서모임에 참가하던 날이었죠. 날씨도 좋았고, 날씨만큼이나 기분도 맑았습니다. N 독서모임의 인원은 총

8명이었는데, 대부분이 40대 이상이었죠. 뜻 모를 긴장과 함께 무언가를 처음 시작한다는 설렘이 울렁거렸습니다. 독서의 깊이를 조금 더 탐하고 싶다는, 뭔가 있어 보이는 목표가 아니었습니다. 오히려 단순한 호기심에 가까웠죠. 책값 13,000원, 책을 읽는 데 소비하는 2~3시간, 교통비와 음료비 7,000원, 왕복 이동시간 1시간 30분을 들여 같은 책을 읽은 사람들을 만나 그 책에 관한 이야기를 나눈다는 단순한 구조가요.

그로부터 약 6개월 동안 격주 토요일마다 같은 시간, 같은 공간에서, 같은 사람들과 함께했습니다. 처음에는 사람들과 책과 삶에 대해 다양한 이야기를 나눈다는 점이 매력으로 다가왔습니다. 그래서인지 지각 한 번 없이 매번 모임에 참가했었죠. 그런데 시간이 흐르면서 조금씩 모임에 흥미를 잃기 시작하였고, 자연스럽게 모임에서 멀어졌습니다.

당시에 저는 책이라는 물체를 내면의 성장을 돕는 수단으로 여겼습니다. 내면의 성장이 정체 구간에 머물다 보니 책에도, 책을 통해 만나는 사람에게도 흥미를 잃었던 겁니다. 그런데 그렇지 않았다고 해도 N 모임에서 곧 나오지 않았을까 합니다. N 모임에는 좋은 사람이 많았지만 대화의 대부분이 '수다'에 가까웠습니다. 얼마 후 한 지인에게 제가 나가고 두어 달 후에 모임이 사라졌다는 이야기를 들었습니다.

그로부터 2년 뒤에 독서모임을 직접 운영했습니다. 취업 시장이란 정글에서 살아남은 안도감으로 제게 건넨 나름의 선물이었죠. '윈드북'이란 이름을 지었습니다. 사람들과 이야기 나눌 좋은 도서를 선정하고, 분위기 좋은 카페를 찾았습니다. 첫 모임에 7명이 모였습니다. 이번에는 한 사람을 제외하고 모두가 제 또래였습니다.

첫 책으로 다자이 오사무의 소설 『인간실격』을 선정했습니다. 나름 꽤 진중한 이야기를 나눴습니다. 그런데 첫 단추를 잘못 끼웠다는 생각이 들기도 합니다. 모임은 2시간이었는데 뒤풀이를 7시간 동안 했으니까요. 그 후로 3주에 한 번씩 만나 8권의 책을 읽고 이야기를 나눴습니다. 그리고 8번의 공식적인 뒤풀이와 8번 이상의 비공식적인 만남을 가졌습니다. 또래가 아니었던 한 명은 두 번째 뒤풀이 이후로 모임에 나타나지 않았습니다. 연간 독서량이 100권에 달할 만큼 책도 많이 읽고, 타인의 생각을 받아들이길 좋아하던 사람이었습니다. 모임에 나오지 않던 이유가 당연했는지도 모릅니다. 독서모임에 나오는 목적과 수단이 완벽하게 도치된 상황이니까요. 시간이 흘러 타지역에 취업했다는 이유로, 자격증을 준비한다는 이유로, 연애하느라 바쁘다는 이유로 사람들은 점차 빠져나갔습니다. 그리고 얼마 후 모래알이 바람에 흩날리듯 모임은 자연스럽게 사라졌습니다. 가수들은 노래 제목 따라 삶이 흘러간다고도 하는데, 독서모임도 비슷한 것 같습니다.

지금으로부터 3년 전의 일입니다. 부산시 연제구 평생학습센터에서 '독서모임 진행 이야기와 독서모임 맛보기'라는 주제로 강연을 진행했습니다. 퇴사 후 여행을 마치고 한국에 돌아와 B 독서모임의 운영진으로 활동하고 있을 때였죠. 저만의 독서모임 운영 노하우라는 게 그다지 많지 않았습니다. 잔가시가 목에 걸린 듯했죠. 다행인 점은 주제 자체가 독서모임을 이제 갓 시작하려는 사람을 대상으로 한다는 것이었습니다. 분명 관계자분도 "아마 독서모임을 이제 막 하려는 사람들이 올 거니까 편하게 이야기하시면 돼요."라고 했고요.

그런데 이게 웬걸요. 참가자 10명 중 1명을 제외하고는 도서관, 아파트, 기타 단체에서 독서모임을 몇 년 이상씩 운영하는 사람들이었습니다. 소위 그 분야의 전문가들이었어요. 제외된 1명은 지금 제가 글쓰기를 가르치는 S 학생의 학부모입니다. 나중에 그분에게 그날에 관해 듣기론, 저만큼이나 당황스러웠다고 했습니다. 그들은 제게 어떻게 모임을 운영해야 하는지, 어떻게 하면 참가자들이 매너리즘에 빠지지 않고 꾸준히 즐기면서 할 수 있는지 등에 관한 질문들을 무차별적으로 던졌습니다. 드넓은 초원에서 하이에나 떼에 둘러싸인 초식동물처럼 느껴졌습니다. 그들이 만족할 만한 답변은 아니었을지라도 제가 아는 이야기를 2시간 동안 최대한 전달했습니다. 그들은 준비해 온 노트에 제 이야기를 열심히 필기했고, 끝날 즈음 각각의 노트에는 글이 꽤 빽빽이 채워져 있음을 알았습니다. 그날의 기억이 이처럼 선명하듯 꽤 진땀을 흘린 자리였습니다.

우리는 이상한 시대를 살아가고 있습니다. 책을 읽는 사람은 점점 줄고 있지만 독서모임을 만들거나 참가하는 사람은 느는 시대입니다. 저는 독서모임과 관련된 많은 사람을 만났습니다. 누군가는 열정을 품고 모임을 만들었다가 N 모임이나 윈드북처럼 1년 내에 사라졌고, 누군가는 자신이 속한 독서모임이 더 성장하기 위해 초보 운영자에게 노하우를 요청하기도 했습니다. 그 시간을 지내오며 한 가지 깨달은 것은 독서모임이 더 나은 방향으로 지속되고 발전하기 위해서는 지금까지 이루어진 그 이상의 노력이 필요하다는 것입니다.

그동안 적잖은 횟수의 독서모임을 기획하고, 참가했

습니다. 수를 세지는 않았으나, 적어도 400회는 넘을 듯합니다. 이 책에는 그동안 경험하며 느낀 여러 가지 부분을 담았습니다. 우리가 왜 독서모임을 해야 하는지, 독서모임을 어떻게 운영해야 하는지, 코로나19와 같은 극한의 환경에서 독서모임은 어떻게 살아남을 수 있는지, 그리고 독서모임이 지속 성장할 방안은 무엇인지에 관한 이야기들입니다.

현재 운영하는 단체를 중심으로 그동안 겪은 직간접적인 독서모임 경험과 독서모임 관련 논문을 준비하며 익힌 이론들을 책에 담았습니다. 멋지게 성공한 이야기를 담고 싶었지만 대부분 넘어지고 일어서길 반복하는 내용들입니다. 그렇다 보니 이 책에는 정답이라 말할 수 있는 부분이 없습니다. 지역에서 작은 단체를 운영하는 한 사람의 이야기이기에 독서모임 운영 노하우라고 치부하기에도 절대치가 턱없이 부족할지도 모릅니다. 그래도 독서모임의 시작 단계에서, 혹은 저보다 더 앞서 시작했으나 수많은 장애물을 만난 누군가에게는 조금이나마 도움이 되었으면 합니다.

이 책이 독서모임을 만들고 싶은 사람만의 전유물은 아닐 겁니다. 책을 좋아하고, 책을 통해 무언가를 느끼고, 독서모임을 하며 깨달은 가치를 타인과 공유하고 싶은 모

든 사람에게 작은 도움이 되지 않을까 합니다. 부디 그러

길 바라는 마음입니다.

차례

3장 시작하는 마음, 다시 기본으로 돌아가자

1장

무료, 동아리란 틀을 뛰어넘자

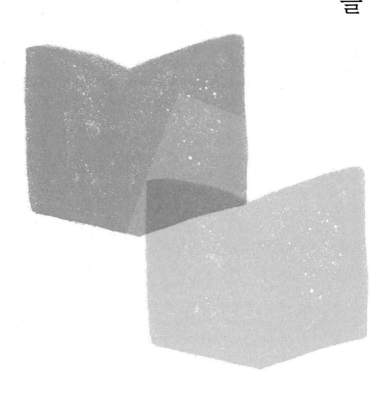

생각의 전환
독서모임이 꼭 동아리 형태여야만 할까?

제가 운영하는 단체인 북텐츠는 2020년 1월에 시작했습니다. 그리고 동시에 코로나 바람도 불었죠. 자체 성장을 추구했으나 생존을 위해 한 지원 사업에 신청했습니다. 다행히도 최종 면접만을 앞두고 있었죠. 20분간의 발표 및 질의는 이천만 원의 지원 금액을 손에 쥐느냐 마느냐의 갈림길이었습니다. 제출한 아이템과 관련하여 면접관이 의구심을 품을 수 있는 수십 가지의 질문을 예상해보고 그에 대한 답을 미리 준비했습니다. 10분간의 발표를 무사히 마치고, 5명의 면접관 질의만 남았죠. 발표 때 팔짱을 낀 채 유독 날카로운 눈빛으로 저를 바라보던 면접관이 첫 질문을 던졌습니다.

"독서모임이 돈이 된다고 생각하시나요?"

질문에 대한 답을 하려 마이크를 들 때, 첫 질문을 던진 면접관보다 한 세대가량 젊어 보이는 다른 면접관이 "오프라인 독서모임으로 안정적인 수익을 창출할 수 있다고 생각하시나요?"라고 추가 질문을 던졌습니다. 마치 풀을 뜯고 노니는 토끼를 노리는 한 마리의 굶주린 맹수 같았습니다. 나머지 면접관들도 가장 궁금한 답변이라는 듯 손에 쥔 볼펜을 테이블 위에 놓고 제 대답을 기다렸습니다. 한 가지 사실은 공모에 제출한 아이템은 독서모임이 아닌 책을 기반으로 한 서비스였습니다. 결국 10분의 질의 중 아이템에 관한 이야기는 거의 하지 않았습니다. 대신 독서모임으로 돈이 될 수 있는지, 어떻게 하면 안정적인 수익을 창출할 수 있는지에 관하여 이야기했습니다. 그것은 독서모임도 돈이 안 되는데 책을 기반으로 둔 사업 아이템은 뻔한 거 아니겠느냐는 의구심 때문이었을까요, 아니면 질문에 대한 의문만 해소하면 제안한 아이템이 성공하리라 보았던 것이었을까요.

현재 독서모임은 어디에 머물고 있을까

전국에는 수많은 독서모임이 있습니다. 문화체육관광부에 따르면 2018년 기준 전국에 확인된 독서동아리 수는 2만 160개이며, 추정치는 3만 8,749개입니다. 이 중 성인을 대상으로 하는 동아리 수는 5,472개이며, 추정치는 7,292개에 달합니다. 지역의 도서관이나 서점 등과 연계되어 중

복으로 잡힐 수 있어서 정확한 수치로 보긴 어려우나 민간에서 통계에 해당하지 않는 단체까지 더한다면 더 많은 수가 있지 않을까 합니다.

그런데 이 중 대다수는 친목을 우선으로 하는 동아리 형태를 띱니다. 아마도 이 글을 읽고 있는 독자 가운데 독서모임을 하고 있는 다수가 속해 있는 곳일 겁니다. 독서동아리에 대한 정의는 연구자에 따라 다르긴 하지만, 문화체육관광부에서는 '15명 내외의 일반인들로 구성되는 모임으로서 자율적인 참가를 통해 정기적으로 책을 읽고 해당 책에 대한 의견교환과 토론을 갖는 모임 혹은 활동'이라 정의했습니다. 문화체육관광부가 발표한 <제3차 독서문화진흥 기본 계획>에서 첫 번째 중점과제인 '사회적 독서' 전략의 달성을 위한 핵심과제로 '독서공동체/독서동아리 활성화'가 제시되어 있을 만큼 독서동아리는 독서 문화에 중요한 역할을 해나가고 있습니다.

그런데 몇 년 전부터 기존 독서동아리와는 조금 다른 형태가 등장했습니다. 바로 커뮤니티 기반 유료 독서모임입니다. 제가 운영하는 북텐츠도 여기에 해당한다고 볼 수 있습니다. 기존의 독서동아리와 다른 점이라면 다양한 콘텐츠를 바탕으로 체계적이라 말할 수 있는 시스템을 가지고 있으며, 친목이 아닌 안정적인 수익 창출을 추구한다는 점을 들 수 있죠. 기존의 수많은 모임에서 이러한 형태를 취하지 못한 데는 크게 두 가지 이유를 들 수 있습니다.

첫 번째는 독서라는 고귀한 가치를 돈과 직접적으로 연결해서는 안 된다고 생각해서입니다. 지금은 책이라는 개체가 대중화되어 누구나 읽는 '제품'이 되었죠. 그러나 불과 이십여 년 전까지만 해도 '독서하는 사람'을 평범한 사람과 다르게 바라보는 시선이 존재했습니다. 그러한 시선으로 인해 독서라는 행위 자체에 돈으로 환산할 수 없는 특별한 의미가 부여되었을 겁니다. 순수한 문학의 가치가 훼손되지 않길 바라는 마음일 수도 있습니다.

두 번째는 이미 시도를 했으나 지속하지 못해서입니다. 누군가는 독서모임을 '아이템'으로 여겼을 겁니다. 공간을 마련하고, 시스템을 체계화하며, 참가비 명목으로 일정 수익을 창출하는 거죠. 그러나 여러 가지 이유로 수익 창출이 쉽지 않았겠지요. 운영진 인건비도 손에 쥐지 못했을 겁니다. 지금이라고 해서 크게 다를 건 없으니까요. 이러한 이유들로 앞선 면접관은 그러한 질문을 던졌을 겁니다.

커뮤니티 기반 유료 독서모임의 등장

해마다 독서인구가 줄고, 출판업의 생태는 어려워진다고 말합니다. 그런데 실제 현장에서는 이상한 현상들이 벌어지고 있습니다. 수만 명의 구독자를 지닌 북튜버가 있으며, 출판사의 북클럽 회원 수는 계속해서 늘어납니다. 밀리의 서재, 리디북스 등 전자책 구독 모델도 조금씩 자리 잡고 있죠. 그리고 커뮤니티 기반 유료 독서모임이 있습니다.

앞서 독서동아리와 유료 독서모임의 차이로 다양한 콘텐츠, 체계적인 시스템, 안정적인 수익 추구를 이야기했습니다. 독서동아리에도 다양한 콘텐츠와 체계적인 시스템이 존재하지만 상대적으로 미비하다고 볼 수 있습니다. 참가비 형태의 회비를 받기도 하지만 운영진이 손에 쥐는 건 최저임금도 안 되는 구조이죠. 유료 독서모임의 형태는 서울·수도권에서 활동하는 젊은 독서가들에게는 어쩌면 익숙한 구조입니다. 하지만 이 외의 지역에 살거나, 기존에 도서관 및 아파트 단지 등에서 삼삼오오 모여 하던 모임을 오랫동안 해온 분들이라면 이러한 명칭 자체가 낯설게 느껴질지도 모릅니다. 그런데 이러한 부분에도 관심을 둬야 하는 데는 크게 세 가지 이유를 들 수 있습니다.

첫째, 독서라는 행위는 이제껏 만나보지 못한 상대와 경쟁해야 한다는 것입니다. 문화체육관광부는 2년마다 독서 실태 조사를 합니다. 이제껏 우리가 책을 안 읽는 이유의 최상단에는 늘 '바빠서'가 있었습니다. 그런데 2019년 조사에서 '다양한 콘텐츠'에 1위 자리를 내주었죠. 세상에 영원한 1등은 없는 모양입니다. 대중에게는 별다른 일이 아닐지 몰라도 책과 연관된 사람들에게는 꽤 변혁적인 일로 볼 수 있습니다. 이제 우리는 나이, 성별을 떠나 유튜브, 넷플릭스 등 영상 플랫폼을 아주 쉽게 접합니다. 코로나 시대에서 두 플랫폼은 가히 상상을 넘나드는 성장을 보여주었죠. 반면 아이, 성인 구분 없이 독서량, 독서율뿐 아니라 독서모임 활동도 부진한 모습을 보이죠. 책읽는사회문화재단에 따르면 코로나19 이후 독서동아리의 모임 횟수가 58% 감소하고, 모임 출석률이 43% 감소했습니다. 오프라인 모임이 온라인으로 대체되었으나 상대적으로 일부에 불과했죠. 이처럼 급변하는 환경에서 별다른 시스템 없이 카페나 도서관에서 단순히 책을 읽고 이야기하는 형태의 모임은 경쟁자와의 대결에서 상대적 우위에 놓이지 못할 가능성이 큽니다. 상대와 경쟁하기 위해서는 그에 맞는 준비가 되어 있어야 하죠. 그러지 않는다면 독서 부진은 더욱더 깊어질 것이고, 독서문화는 정체에 머물게 될 것입니다.

두 번째는 독자들이 성장하고 변화하는 것입니다. 예전의 독자는 책을 집필한 일부 지식인들의 이야기를 대부분 옳다고 여겨 책의 내용을 순순히 받아들였습니다. 그런데 현재의 독자는 어떤가요. 재미없고, 읽지 않아도 된다고 생각하면 그런 의견을 당당히 자기 SNS에 올리죠. 비판도, 비평도, 비난도 자유롭게 합니다. 오히려 작가의 부족한 필력을 보고 용기 내어 글쓰기를 시작하기도 하죠. 자신과 같은 책을 읽은 사람과 깊게 이야기를 나눠보고 싶기도 합니다. 그런데 그런 자리가 생각보다 많지 않습니다. 전국에는 수많은 독서모임이 있지만 대부분 서울·수도권과 6대 광역시에 몰려 있죠. 도서관에서 하는 독서모임은 대부분 낮에 운영합니다. 민간에서 이뤄지는 모임들은 모임당 1~2개의 개별 모임이 진행되기에 참여 가능한 시간, 요일 등이 다양하지 못합니다. 온라인 독서모임은 호불호가 분명하죠. 결국 독서모임과는 관계를 맺지 않는 쪽으로 방향을 선회합니다. 일반적인 유료 독서모임들은 다양한 주제를 바탕으로 요일별로 모임이 마련되어 있습니다. 북텐츠도 매 시즌마다 20개 전후의 모임을 준비하죠. 서울의 T 모임은 모임명마저 헷갈릴 정도로 많은 모임이 있습니다. 이는 모임에 목마른 독자에게 다양한 선택권을 제시합니다. 독자는 자신의 입맛에 맞춰서 모임을 선택할 수 있죠.

세 번째는 독서모임의 가치가 변화하고 있다는 것입니다. 시대가 변하면서 서비스에 대한 개념이 달라지고 있습니다. 서비스란 A가 B에게 무언가를 전달하는 것입니다. 기존에는 '무언가'가 대부분 손에 잡히는 재화의 개념이었다면, 이제는 눈에 보이지도 손에 잡히지도 않는 모든 재화를 포괄할 정도로 의미가 방대해졌습니다. 그런 점에서 지금의 독서모임은 단순히 취미를 공유하는 모임을 벗어나 '지식'과 '문화'를 제공하는 서비스 단체라고도 볼 수 있습니다. 그런데 이러한 서비스를 지속해서 제공하려면 인력과 기술 그리고 적정 자본이 투입되어야 하죠. 기존의 모임들이 은연중에 지식과 문화를 사람들에게 제공했음에도 '서비스단체'라 부를 수 없었던 이유는 지속성을 담보할 수 없었을 뿐 아니라 참가자와 운영자에게 이러한 개념이 제대로 인지되지 않았기 때문일 것입니다. 독서모임 문화가 점진적으로 양질의 발전을 이루기 위해서는 독서모임으로도 수익을 창출할 수 있는 모델로 이어져야 합니다. 이는 단순히 한 단체가 수익을 올리는 미시적 결과가 아니라 독서문화의 성장이라는 거시적 결과로도 이어질 수 있습니다.

유료 독서모임에는 여러 가지 불안정성이 존재합니다. 독서모임으로 안정적인 수익을 창출하기 위해서는 다음 네 가지 요소 중 최소 두 가지가 맞물려야 합니다. 인원수, 일정 이상의 가격, 투자 지원, 판을 뒤엎을 수 있는 획기적인 콘텐츠입니다. 그러나 여러모로 쉽지 않기에 이제껏 성공 사례로 꼽을 만한 모임도 거의 없었던 것 같습니다.

커뮤니티 기반 유료 독서모임 대부분이 오프라인을 중심으로 이뤄져 있기에 코로나로 인해 불안정성은 더욱더 짙어졌습니다. 온라인과 공존하며 숨은 내쉬고 있으나 힘겨운 건 매한가지죠. 그럼에도 독서모임과 독서문화의 성장을 위해서는 꼭 필요한 단계로 바라봅니다. 지난한 길일지라도 누군가는 걸어갈 이유가, 그리고 의무가 존재하죠. 그래도 일말의 희망찬 빛이라면, 서울의 T 모임이 투자단체로부터 40억 원을 지원받는 등 독서모임에도 대규모 투자 사례가 발생했다는 점, 각종 공모사업에서도 여러 의문점이 있지만 모임의 정체성과 성장성을 조금씩 바라봐주고 있다는 점입니다. 지금껏 신청한 지원 사업에서 대부분 좋은 결과로 이어진 이유가 아닐까 합니다.

시스템의 중요성
견고한 시스템이 필수이다

직장생활을 하며 수없이 들었던 말 가운데 하나가 '조직 내 시스템을 구축해야 한다.'였습니다. 아마도 사회생활을 한 사람이라면 이러한 이야기를 한 번쯤은 들어봤을 텐데요, 시스템이란 필요한 기능을 실현하기 위하여 관련 요소를 어떤 법칙에 따라 조합한 집합체를 말합니다. 쉽게 말해 조직이나 개인의 업무가 원활하게 흘러갈 수 있는 유의미한 체계를 의미하는데요, 실제로 기업이 안정적인 수익을 지속 창출하기 위해서는 그에 걸맞게 체계적인 시스템이 필수입니다. 시스템이 체계화된 조직은 내외부의 급격한 환경 변화와 위협에 유연하게 대처할 수 있죠.

문제는 이러한 시스템을 구축하는 게 몹시 어렵다는 거죠. 단순히 무엇을 하고 하지 않고의 개념이 아닐 겁니다. 톱니바퀴가 맞물려 굴러가듯 시스템 간의 연계성 구축이 필요하죠. 톱니바퀴가 잘 돌아가기 위해서는 꽤 많은 시간,

노력, 자본 그리고 전문성이 필요합니다. 기업에서 시스템을 구축하기 위해 많은 돈을 들여 전문가의 도움을 구하는 이유일 겁니다.

기존의 독서동아리에는 체계적인 시스템이 부재했다고 말할 수 있습니다. 일련의 시스템이라 말할 수 있는 부분이 존재하지만, 체계적이라 하긴 어렵죠. 최소한의 규칙 정도란 말이 적절할 겁니다. 실제로 독서모임 운영자들은 운영에 기반한 시스템 구축에 많은 어려움을 겪는데, 이는 전문적인 지식이 부족해서는 아닐 겁니다. 이미 수많은 독서동아리가 전국에 있으며, 독서모임 관련 도서 및 인터넷 영상 등에서 충분히 시스템에 해당하는 부분을 파악할 수 있으니까요. 가장 오래되었거나, 규모가 크거나, 지역에서 핫한 독서모임에 몇 번만 참여해도 그 모임이 어떻게 흘러가는지 대략적으로 파악하여 자신의 모임에 적용할 수 있죠.

그런데도 시스템 구축에 어려움을 겪는 것은 앞서 언급한 이유들로, 시스템을 구축하기 어려울 뿐 아니라 시스템 구축의 의의를 잘 모르기 때문이 아닐까 합니다. 물론 북텐츠를 비롯한 유료 독서모임 형태를 띠는 다른 단체들도 상황은 비슷할 것입니다. 자본과 인력이 풍족하더라도 오랜 기간 수많은 모임을 개설하고 진행하며 부족한 점은 개선하고, 나은 점은 더 낫게 만드는 절대적인 시간의 힘이 필요합니다. 그런데 독서모임의 평균 생존 기간은 약 3년 정도에 불과합니다.

시스템 구축하기

시스템을 구축하려면 독서모임에 적용되는 업무를 구분할 필요가 있습니다. 회사 내부 조직의 축소판으로 보면 이해하기가 쉽습니다. 기획, 홍보, 마케팅, 회계, CS, 모임 운영, 공간 운영 등으로 구분할 수 있죠. 함께하는 동료가 없다면 대부분 이 모든 일을 혼자 해야 합니다. 그런데 안정적인 시스템을 구축하려면 이 모든 일을 계속해서 혼자 떠맡을 순 없습니다. 결국 누군가와의 분업 혹은 협업이 필요합니다. 시스템의 핵심은 자신이 업무에서 잠시 손을 뗐을 때에도 톱니바퀴가 멈추지 않고 돌아가는 것입니다. 업무 분리와 통합의 개념이 아닌 업무 유연화입니다.

우선 독서모임을 통해 무엇을 추구하는지 목적을 명확히 할 필요가 있습니다. 현시대에서 바쁜 일상을 살아가며 시간과 비용뿐 아니라 에너지를 들여 독서모임을 운영하는 의의입니다. 평생 독자 양성, 독서문화 증진, 막대한 수익 창출 등 거창한 목표만을 이야기하지는 않죠. 좋은 사람을 만나기 위해, 책을 좋아하는 사람들과 이야기하기 위해, 재미를 위해 등의 의의도 좋습니다. 중요한 건 목적성을 두는 것과 그렇지 않은 것에는 꽤 큰 차이가 있다는 사실이죠.

시스템을 구축하는 과정에서 수많은 유혹과 장애물이 다가올 겁니다. 하나의 단체를 운영하는 사람으로서 만나는 자연스러움이죠. 분명함에 가까운 자기만의 목적성이 없다면 살랑거리는 바람에도 흔들리는 갈대처럼 모임을 운영하는 가치가 흔들립니다. 가치는 가변성을 가지지만, 주변을 둘러봤을 때 흔들리는 가치는 지속성을 보장하지 못할 때가 많았습니다.

일련의 목적성이 잡혔다면 집을 짓는다는 느낌으로 하나씩 시스템의 세부 요소를 구성해봅니다. 아래 내용은 독서모임의 시스템을 구축하는 요소들입니다. 이 중에서 중요한 부분은 이어지는 차례에서 하나씩 풀어갈 예정입니다.

어떤 모임을 개설하고 어떻게 모임을 진행할지, 모임 특성에 따라 일정 기준을 두고 형식을 구분할지, 한 모임당 최소·최대 인원은 몇 명으로 할지, 일정은 어떻게 조절할지, 어떤 공간을 활용할지, 공간 마련 시 가구 및 기기는 어떻게 구비할지, 모임의 횟수나 간격은 얼마로 둘지, 모임 진행은 누가 하며 어떻게 선정할지, 진행자에게 무엇을 제공할지, 진행자들이 지켜야 할 규칙은 무엇인지, 도서는 어떻게 선정할지, 책을 완독해야 할지, 책을 안 읽고 온 사람은 어떻게 할지, 책을 읽고 오게 하려면 어떻게 해야 할지, 모임 관련 양식지를 만들지, 모임의 총 시간은 어떻게 할지, 발제는 해야 할지, 발문은 어떻게 준비할지, 모임 당일 진행자 불참 시 대응은 어떻게 할지, 모임 진행 시 여러 문제에 따른 해결은 어떻게 할지, 장마·폭설 기간에는 어떻게 할지, 온라인은 어떻게 진행할지, 오프라인과 온라인의 프로그램 구성 비중은 어떻게 할지, 온·오프라인 모임 가격은 어떻게 할지, 참가자들에게 별도의 굿즈나 상품을 제공할지, 참가비는 어떻게 받을지, 환급 기준은 어떻게 할지, 다과는 어떻게 구성할지, 뒤풀이는 어떻게 할지, 행사는 어떻게 할지, 홈페이지와 같은 대문을 준비할지, 홍보 루트는 어떻게 할지, 모임 안내는 어떻게 할지, 신청 시 개인정보의 기준은 어디로 둘지, 개인정보 관리는 어떻게 할지, SNS 활용은 어떻게 할지, 모임별 모임방을 운영할지, 꾸준하게 참가해주는 사람에게 어떤 혜택을 제공할지, 그들이 참가를 중단할 때 어떻게 대처할지, 외부 공모에 지원할지, 지원 시 어떤 프로그램으로 제출할지 등입니다.

아마도 어려운 용어나 이해가 안 되는 내용은 많지 않을 겁니다. 모임을 운영해보지 않은 사람이라 하더라도 대략 이해할 수 있는 내용들이죠. 누군가에게는 정말 별것 아닌 일일 수도 있습니다. 반면에 이 많은 것을 과연 다 할 수 있을까 고민할 수도 있을 겁니다. 단체의 규모가 커질수록 들여야 할 노력과 그에 따른 변수도 많아질 것이 분명하니까요. 어쩌면 단순노동으로 여겨질지도 모릅니다. 그러나 노동 뒤에 따라올 분명한 가치가 있으리라 믿습니다. 모임 초창기에 이러한 부분을 잘 정립해놓으면 이후에는 그 틀 안에서 유연하게 적용할 수 있습니다.

언급된 항목들은 기본 중의 기본에 속합니다. 한 항목당 세부 항목은 더 존재하며, 예상하지 못한 변수도 마찬가지죠. 한 예로, 모임 기획과 더불어 가장 많은 시간과 에너지가 소비되는 분야가 CS(Customer Service)입니다. 환급 기준이 있음에도 불구하고 자신만의 논리를 펼쳐 환급을 요청하는 경우가 부지기수입니다. 시스템을 구축하기 전에 어떻게 대처할 것인지에 대한 정답은 없습니다. 결국 시간 속에서 답을 만들어가는 겁니다. 어려움을 겪거나 원만하게 해결하는 과정 하나하나가 켜켜이 쌓여 시스템을 구성하는 주요 부분이 될 겁니다.

멤버십 제도
모임의 안정과 지속성을 위한 단계

유료 독서모임이 생존을 이어가려면 수입이 안정적으로 발생해야 합니다. 독서모임에서 수입은 대부분 참가비 명목의 회비를 이야기하죠. 지원 사업에 선정되면 일부 금액을 지원받지만, 대부분 지원했던 개별 프로그램을 운영하기 위해 사용됩니다. 프로그램 운영 외에 남은 금액으로 모임 내 다과비, 운영비 등 비용 절감에 적용하여 수익을 늘릴 요소가 되죠. 그런데 비용을 절감함으로써 수익을 늘릴 여건을 만들 순 있어도, 일정 수입이 없다면 무의미합니다.

기존의 독서모임들은 대부분 무료 형태로 진행되었습니다. 공간 사용료 개념으로 카페 음료값에 해당하는 소정의 비용을 냈지만, 이 또한 지역 도서관이나 참가자의 집에서 한다면 비용이 들지 않았습니다. 책을 구매하지 않고 도서관에서 대여한다면 완전한 무료도 가능했죠. 운영자 입장에서 크게 문제될 부분은 없습니다. 책을 좋아하는 사람들과 이야기 나누는 시간이 즐겁고 가치가 있으니까요. 그런데 모임을 지속하다 보면 운영자는 소비되는 에너지가 꽤 많음을 인지하게 되죠. 그렇다고 시급 단위로 쪼개가며 별도의 인건비를 받을 수도 없는 노릇입니다. 취미가 직업으로 인정받는 현시대일지라도 취미와 돈은 비례 관계가 잘 적용되지 않죠. 게다가 겉으로 볼 때는 급여를 책정할 정도의 별다른 노력을 들이는 게 보이지 않기도 합니다. 운영자가 할 일이란 사람들과 함께 이야기를 나눌 책 하나 선정하는 게 전부라고 생각하는 사람도 있으니까요.

그런데 시간이 흐르면서 안정적이고 지속적인 모임 운영을 위해서 독서모임에도 인건비가 책정되어야 한다는 분위기가 피어오르기 시작합니다. 모임을 기획하고, 참가자를 모으며, 모임을 운영하는 데 들이는 시간과 노력에 대한 보상의 개념이죠. 운영자들은 공간 사용료를 제외한 개별 비용을 더해 참가비를 받으려 시도합니다. 이때부터 일부 모임을 중심으로 독서모임 앞에 '유료'란 명칭이 붙기 시작합니다.

그런데 참가자들은 '왜?'라는 의문을 던집니다. 독서모임 운영에 따른 노력과 인건비에 어떤 상관관계가 있는지 쉽게 받아들이지 못합니다. 만약 대학 동아리에서 누군가가 "내가 운영진으로 수고하니까 그에 따른 돈 가져갈게"

라고 이야기한다면 어떨까요? 실제로 인건비 명목으로 모임 참가비를 5,000원 인상한다고 했을 때 그러한 '불순한 의도'가 마음에 들지 않아 속해 있던 모임에서 떠난 사람들이 꽤 많았습니다. 누군가는 '돈에 눈이 멀었다'고 말하며 모임 운영자를 폄훼하기도 했죠. 그 말에 상처받아 모임 운영을 중단한 사람도 있습니다. 언제적 이야기를 하느냐고요? 불과 4~5년 전의 이야기입니다.

시간이 흐르면서 인식이 조금씩 달라지기 시작합니다. 문화업에서 늘 후순위로 여겼던 인건비의 의미가 조금씩 수면 위로 드러나기 시작한 거죠. 동시에 최저임금에 대한 사회적 논의도 본격적으로 수면 위로 떠올랐죠. 현재는 독서모임의 회당 참가비가 1만 원부터 8만 2,500원까지 다양해졌습니다. 누군가는 회당 몇만 원의 비용을 보고 '말도 안 되는 가격'이라고 말했죠. 2~3시간 정도 이야기 나누는 데 들이는 시간이 웬만한 저녁 식사 한 끼 값은 되었으니까요. 그렇다고 금액에 걸맞은 상품을 주거나 자격증이 제공되지도 않죠. 학위를 주는 건 더욱더 아니고요. 가격을 콕 집어 책정하기 힘든 '인문학'이란 범주라 하더라도 과하다는 의미였습니다. 도서관 문화가 깊게 박힌 누군가에게는 엄청난 충격이죠.

멤버십 제도의 등장

운영자와 참가자 간의 가격 밀고 당기기가 지속되던 중 획기적인 제도가 등장합니다. 바로 멤버십 제도죠. 단체 구성원으로서의 자격이나 지위를 뜻하는 멤버십 제도는 고객과의 개인적 관계를 지속하고 증진시키는 일련의 마케팅 활동을 의미합니다. 사실 멤버십이 성인들에게 어색하진 않습니다. 멤버십 이코노미(membership economy)라는 용어가 등장할 만큼 오래전부터 다양한 플랫폼에서 활용되고 있죠. 그런데 획기적이라 한 데는 해당 범주가 독서모임이기 때문입니다. 단순히 10명 전후로 운영되는 독서동아리 형태에서 멤버십이란 특정 제도는 큰 의미가 없기 때문이죠.

멤버십의 등장과 함께 회당 참가비가 3~6개월 단위의 시즌 개념으로 전환됩니다. 회당 참가비가 2만 원인 모임에 넉 달 동안 네 번 참가하려면 참가 신청할 때 8만 원을 선지급해야 하죠. 회당 개념으로 달라진 것은 없으나 참가자 입장에서는 뭔가 모르게 금액이 급격히 상승한 느낌을 지울 수 없습니다. 기존에는 4회 중 3회 참가하면 6만 원을 지급했지만, 시즌 멤버십은 3회를 참가하더라도 8만 원을 내야하니까요.

유료 독서모임에 해당하는 단체들이 멤버십 제도를 선

호하는 이유는 참가자에게 비용에 걸맞은 서비스 및 혜택을 제공함으로써 신규 회원을 유치하고 재가입을 유도할 수 있기 때문입니다. 물론 멤버십 회원은 독서모임에 보다 높은 수준에서 관여할 기회를 가지게 되죠. 이로 인해 운영자는 더 나은 서비스와 혜택을 제공하려 노력하기에 장기적으로 봤을 때 독서모임의 성장이 가능합니다.

조금 더 세밀하게 이야기해볼게요. 기존의 독서모임은 기존 참가자가 지속되기도 하지만, 회당 참가자가 대개 바뀌게 되죠. 신규 참가자가 모임에 들어오면 다른 사람의 색다른 관점을 들을 수 있다는 이점이 있습니다. 그러나 그들을 위해 매번 모임과 참가자들이 스스로를 소개해야 하는 불편함이 발생할 수도 있죠. 모임 운영에서 필요한 부분이나 모임의 질을 위해서는 모호할 때가 있습니다. 모임의 질이 높아지려면 한정된 시간 동안 밀도 있는 대화가 진행되어야 합니다. 모임과 방식을 소개하는 시간만 줄여도 책에 대한 이야기를 더 많이 나눌 수 있어요. 멤버십은 이러한 부분을 해소하죠. 정해진 기간 동안 상대에 대해, 그리고 책에 대해 더 깊게 이해하고 받아들일 수 있습니다. 물론 라포르[1] 형성에도 큰 도움이 되고요. 매번 신규 모임을 여는 것보

---

1   두 사람 사이의 상호신뢰관계를 나타내는 심리학 용어

다 모임 밀도가 높아질 수밖에 없는 구조입니다. 질적으로 성숙한 모임은 참가자 만족도로 이어질 확률이 높습니다.

기획과 홍보에 집중할 수도 있습니다. 시즌 모임을 준비하건 회당 모임을 준비하건, 모임을 기획하고 홍보하는 데 들이는 전체적인 에너지 소모는 크게 차이가 없을 수 있으나, 콘텐츠와 홍보의 질은 다를 수밖에 없습니다. 물론 시즌은 결과에 따른 책임이 크게 뒤따릅니다. 회당 모임은 인원 모집에 실패하더라도 바로 다음이 존재하며, 인원 모집 기간 연기도 가능하니까요. 반면에 시즌 멤버십은 모집 기간을 뒤로 미루기도 힘들죠. 유료 독서모임의 특성상 다양한 모임이 있는데, 모임마다 일정을 재조정하기란 정말 어렵습니다.

기존 참가자의 단체 이탈을 최대한 방지할 수도 있습니다. 회당 참가비로 진행하는 모임의 경우, 한 참가자가 A 모임이 마음에 들었어도 일정상의 이유로 다음 모임 참가가 어려울 수 있습니다. 그다음도 마찬가지죠. 시즌 모임은 시작부터 모임 일정을 비롯한 커리큘럼을 공고하기에 확인 후 신청이 가능합니다. 중요한 일정이 아니라면 지급한 돈이 아까워서라도 모임에 참가하게 되죠. 독서모임은 단순히 한 번 참가했다고 하여 일정 이상의 재미를 느끼는 구조가 아닙니다. 한 권의 도서가 아닌 다양한 도서를 바탕으로 사람들과 생각을 교류하는 과정에서 진정한 재미를 경험할 수 있죠. 시즌 모임에서 재미를 느꼈다면, 다음 시즌에도 재가입할 확률이 높습니다.

멤버십이 운영자에게 우선되는 제도이긴 하나 참가자에게도 이점이 존재합니다. 현시대에서 인간은 연결을 위해 비용을 지불하기 시작했고, 소유하려는 욕구보다 어딘가에 속하여 지속적인 서비스와 가치를 제공받고 상호 연결된 관계를 추구하는 경향이 높아지고 있습니다. 참여 단계에서는 총 회차의 참가비를 한 번에 내야 하기에 상대적으로 금액에 대한 부담이 클 수밖에 없습니다. 그러나 책이라는 매개를 바탕으로 같은 단체에 속한 멤버라는 이름 아래 자유롭게 멤버들과 소통할 수 있죠. 이는 유대감 증대로 이어짐으로써 사회적 인간의 근원적 욕구인 소속 욕구와 관계 욕구를 충족시키는 역할을 할 수 있습니다.

물론 멤버십 제도에도 불안한 부분이 일부 존재합니다. 참가자가 커리큘럼이 마음에 들어 모임에 참가했는데, 막상 시작해 보니 여러 이유로 너무 마음에 들지 않을 수 있죠. 환급 기준에 따라 금액을 일부 돌려받거나, 다른 모임에 여분의 자리가 있다면 모임을 이동할 수 있습니다. 그런데 그런 상황이 아니라면 금액 자체를 손해 보는 개념이 되죠. 실제로 한 시즌을 기준으로 본다면 모임에 모두 참석하는 사람은 30%도 채 되지 않습니다. 모임의 문제가 아닌 자신의 일정 문제라 하더라도 돈을 잃은 듯한 느낌이 들면 그 모임에도 불만이 생길 수밖에 없을 겁니다. 모임의 질을 높이고, 환급에 관해서 잘 인지시킴으로써 이러한 부분을 일부 해소할 수 있습니다. 그러나 불안정성이 사라진다고 보긴 어렵습니다.

멤버십 혜택이 필요한 이유

멤버에게 제공되는 멤버십 혜택은 이러한 부분을 일부 상쇄하는 역할을 할 수 있습니다. 한 예로 북텐츠 멤버를 대상으로 '독서모임 신청 시 멤버십 혜택이 신청에 영향을 미치나요?'라는 설문조사에서 아주 그렇다(36%), 약간 그렇다(32%), 그렇지 않다(32%)로 긍정적인 부분이 다수에 해당했습니다.

멤버십 혜택은 가시적 혜택(tangible benefit)과 비가시적 혜택(intangible benefit)으로 구분할 수 있습니다. 독서모임에서 가시적 혜택은 금전과 관련된 부분으로, 모임 가격 할인, 가입 기념 굿즈 및 기타 상품 등이 해당됩니다. 앞선 설문조사는 가시적 혜택과 연관성이 깊다고 볼 수 있습니다. 기존에 여타 다른 단체에서 제공받지 못한 형태의 혜택이라면 부가적인 의미를 부여할 수 있죠. 한 예로 북텐츠는 부산에서 최초로 일부 독립서점과 제휴를 맺었습니다. 북텐츠 멤버는 북텐츠와 제휴를 맺은 독립서점에서 일정 수량의 책을 구매할 시 10% 할인을 제공받죠. 멤버에 대한 혜택일 뿐 아니라 지역 서점의 활성화를 위한 사회적 활동이기도 합니다. 비가시적 혜택은 독서모임이란 단체에 대한 소속감과 고급문화 향유에 따른 일련의 문화적 명예가 포함될 수 있습니다. 가시적 혜택과 비가시적 혜택은 개별로 분리된 것이 아닌 하나의 연결고리로 되어 있습니다. 오히려 장기로 볼 때 가시적 혜택은 비가시적 혜택을 위한 전초 단계로 볼 수 있을 겁니다.

그런데 현실적으로 참가자에게 많은 혜택을 제공하기란 쉽지 않습니다. 각 단체에는 한정된 운영비가 존재하며, 운영자 입장에서는 모임의 성장을 위한 투자로 여겨 현재의 손실을 감내하는 것도 부담스러울 수 있으니까요. 오히려 일정 수의 멤버가 모집되지 않으면 정성적 손해로 여길 수 있습니다. 그럼에도 불구하고 커뮤니티 기반 단체가 안정적으로 지속 성장하기 위해서는 차별화된 혜택이 포함된 멤버십 제도가 필요합니다.

중요한 건 단순히 무엇을 제공하기 이전에 인간적인 친밀감이 전제되어야 합니다. 독서모임에서 '관계'의 의미는 아주 중요하니까요. 눈을 뜨고, 귀를 열어 참가자들의 요구를 들은 후 시스템에 반영할 수 있는 부분은 최대한 빠르게 반영하고 개선하는 게 좋습니다. 스타트업을 비롯한 작은 단체의 이점 중 한 가지는 의사결정의 속도가 빠르다는 것입니다. 이러한 노력을 통해 단체와 참가자 간의 긴밀한 관계를 형성함으로써 멤버십의 가치가 더욱더 빛날 수 있습니다.

공간의 중요성
모임을 지속가능하게 만드는 요소

    공간은 회원, 도서와 더불어 독서모임을 구성하는 필수 요소입니다. 공간에 따라 모임 분위기가 확연히 달라집니다. 처음 보는 타인 앞에서 책을 읽고 든 생각을 편하게 이야기하고, 타인의 다양한 생각을 경청하며 사유의 시간을 가지려면 그럴 수 있는 분위기가 만들어져야 하죠. 외부 공간일지라도 자기 집처럼 편하게 느끼면 좋습니다. 그만큼 타인 앞에서 자기 이야기를 꺼내기란 쉽지 않으니까요. 그런 점에서 단체만의 공간이 있다면 좋습니다.

    그런데 실상은 녹록지 않습니다. 문화체육관광부에 따르면 장소와 관련하여 별도의 기반이 없는 모임이 45.5%에 달했을 정도로 각 모임만의 공간이 부재합니다. 독서모임 관련 여러 연구에서도 모임 장소의 부족은 독서모임 활동의 주요 장애 요인으로 언급됩니다.

    일반적으로 독서모임이 이뤄지는 장소는 도서관 및 카

페입니다. 도서관은 책을 읽고 이야기 나누기에 최적의 공간이지만, 도서관의 운영 방침에 따라 모임이 수동적으로 움직일 수밖에 없습니다. 게다가 접근성, 활용 용이성 등을 감안하면 20~30대 연령층은 사실상 활용하기가 쉽지 않습니다. 이러한 대체 수단으로 카페를 들 수 있죠. 다른 세대에 비해 20~30대 연령층이 가장 많이 사용하는 독서모임 공간입니다. 카페는 현대인에게 편안한 감정을 느끼게 만드는 사회적 공간입니다. 조금만 발품을 팔아도 대화하기에 적합한 장소를 찾을 수 있죠. 개인 음료만 주문하면 별도의 공간 사용료를 받지 않는 곳이 많기에 비용 부담도 적습니다. 다만 주변의 소음, 음료 진동벨, 카페에서 흐르는 음악 등 대화의 몰입을 방해하는 변수가 상당히 많습니다. 이 밖에도 독립서점, 스터디룸, 공유오피스 등에서 모임이 이루어지는데, 이곳들 또한 각각의 장점만큼이나 단점이 존재합니다.

독서모임 참여자라면 이러한 불편을 모를 리 없습니다. 그렇기에 모임 운영자는 각자만의 별도 공간을 가지려 하죠. 전세보다 자가로 집을 가지길 바라는 마음과 다를 바 없습니다. 그런데도 쉽게 공간을 마련하지 못하는 이유는 결국 돈 때문일 겁니다. 보증금, 월세, 인테리어비 등 공간에 들이는 비용은 한두 푼이 아니니까요.

그럼에도 불구하고 독서모임의 안정적인 운영을 위해서는 개별 공간이 필요합니다. 단체만의 정체성이 담긴 공간은 참가자에게 안정감을 전달하며 소속감을 높입니다. 시중의 유료 독서모임을 운영하는 단체들이 무리해서라도 공간을 가지려는 이유입니다. 독서동아리와 유료 독서모임의 차이는 공간의 유무로도 구분 지을 수 있습니다.

실제 공간 마련하기

자기 이름으로 된 건물이 있으면 좋지만, 현실상 어렵다고 봤을 때 임대 형태로 공간을 마련해야 합니다. 공간을 선택할 때는 단체의 정체성에 맞는 주요 참가 대상층을 고려하여 지역을 선택할 필요가 있습니다. 몇 군데 지역에 공간을 다발적으로 운영하는 단체도 있지만, 시작 단계부터 그렇게 하기란 여간 힘든 게 아닙니다.

한 예로 북텐츠의 주요 대상층은 독서모임에 일정 비용을 지불할 수 있으면서도 커뮤니티 문화에 익숙한 20~40대 직장인입니다. 요일 및 시간대별로 모임이 있지만, 평일 저녁과 주말에 다수 모임이 있는 이유입니다. 그러기 위해서 퇴근 후 저녁 7시 전후로 편하게 올 수 있는 위치를 선정해야 하죠. 부산은 부산진구에 속한 서면을 중심으로 크게 동부산, 서부산으로 구분하는데요. 차가 극심하게 막히지 않으면 부산 내 어디서든 1시간 이내로 서면에 도착할 수 있습니다. 북텐츠는 서면 권역에 속한 동네인 부전동이란 곳에 있습니다. 이러한 지리적 혜택을 받기 위해서입니다.

단순히 그 지역의 중심지면 되지 않을까 생각할 수도 있지만, 여기에는 임대료란 함정이 숨어 있습니다. 서울 및 수도권은 물론이고 부산을 비롯한 6대 광역시는 임대료가 꽤 높은 편입니다. 누구나 편하게 이동할 수 있는 지역의 임대료는 다른 지역의 평균 이상일 때가 많습니다. 보증금, 임대료를 고려하여 그 지역의 중심에 모임 공간을 마련하기란 여간 어려운 선택이 아닙니다. 북텐츠를 기준으로 4차선 도로 맞은편인 전포동은 부전동보다 젊은 세대의 유동인구가 많습니다. 유료 독서모임이 추구한다고도 볼 수 있는 소위 '힙'한 분위기를 만들기엔 전포동이 훨씬 낫습니다. 게다가 북텐츠 공간이 있는 건물은 부산 내 가장 큰 시장 중 하나인 부전시장이 있는 만큼, 유동인구는 많지만 젊은 층보다 중장년층을 중심으로 지역 분위기가 만들어집니다. 또한 모임이 주로 이뤄지는 시간인 평일 저녁에는 가게들이 대부분 문을 닫아서 골목 분위기 자체가 어두운 느낌이 들기도 합니다. 그런 점에서 전포동이 더 나은 선택처럼 보이지만 공간 마련에 들어가는 비용 차이가 거의 두 배나 나죠.

꼭 그 지역의 중심지가 아니어도 괜찮습니다. 앞서 말했듯 단체가 추구하는 정체성에 해당하는 대상이 편하게 접근할 수 있는 곳이면 됩니다. 부산은 서면 주위만큼이나 부산대, 남포동, 해운대, 수영 등 다른 지역에도 유료 독서모임 형태를 띠는 단체들이 분포되어 있습니다. 대신 그 지역들이 각 구에서 유동인구가 많다는 공통점이 있죠. 서울을 예로 들면 중구뿐 아니라 젊은 유동 인구가 많은 합정·마포 지역, 직장인의 유동 인구가 많은 역삼·강남 지역에 유료 독서모임이 많은 이유일 겁니다.

지역을 선택했다면 그곳에서 좋은 공간을 찾아야 하죠. 1, 2층일 필요는 없습니다. 독서모임으로 월세를 마련하기란 상당히 만만치 않으니까요. 가능하면 버스정류장, 지하철역과 가까운 위치가 좋습니다. 퇴근 후에 몸은 지쳐 있을 수밖에 없죠. 별도의 주차장이 있으면 좋겠지만, 그렇지 않다면 적어도 주차가 가능한 곳이 주변에 있어야 합니다. 평일 저녁 모임은 대부분 집이 아닌 직장에서 오기 때문이죠. 공간 규모는 각자의 예산 내에서 맞추면 되는데요, 한 모임당 10명 내외로 하려면 10평 전후가 적절합니다. 바 형식의 별도 공간을 운영하거나 북토크와 같은 행사를 진행하려면 20여 평 이상, 한 타임에 2~3개 모임을 동시에 운영하려면 30여 평 이상이 알맞죠. 북텐츠는 이러한 기준들을 종합

북텐츠 공간

하여 서면역에서 1분 이내에 있는 20여 평의 3층 건물을 찾아 임대 계약을 맺었습니다.

공간을 마련했다면 내부 인테리어를 해야 합니다. 임대료가 저렴할수록 인테리어에 조금 더 신경을 써야 할지도 모릅니다. 혹자는 '인테리어까지?'라고 생각할 수 있습니다. 독서모임 공간이라고 하면 단순히 책상, 의자, 서가, 책 정도로 생각할 수 있으니까요. 물론 최소한의 물품으로도 공간을 구성할 수 있으나, 참가자가 문을 열고 들어왔을 때 어느 정도의 시간과 노력을 들인 공간이라는 느낌이 들면 좋습니다.

집 리모델링하듯 공간을 변화시키는 것은 아닙니다. '이 정도 공간이라면 책을 읽고 든 느낌을 처음 본 사람과 편하게 이야기 나눌 수 있다'는 느낌이 들 정도면 되지 않을까 합니다. 그러려면 적어도 2~3시간은 앉아 있어도 엉덩이가 아프지 않도록 푹신하면서도 편한 의자가 필요하며, 여름과 겨울에 모임이 원활히 이루어지도록 냉난방기기가 있어야겠죠. 물론 투자비용으로 여겨 벽을 뜯고, 벽지를 새롭게 도배하는 등의 노력을 더하면 단체의 특색이 더욱더 두드러질 수 있습니다. 그러나 회당 5만 원 이상의 모임을 다수 운영할 게 아니라면 인테리어에 들인 비용조차 회수하지 못한 채 모임을 중단할 확률이 더 높습니다. 차라리 발품을 더 팔아 별다른 인테리어를 하지 않더라도 괜찮은 공간을 찾는 게 더 효율적이지 않을까요.

코로나 시대에 온라인 모임이 상대적으로 활성화되면서 독서모임 공간에 대한 개념이 조금씩 달라지고 있는 게 사실입니다. 온라인 독서모임 플랫폼은 인원, 시간 등 오프라인에서 발생하는 공간 제약이 존재하지 않습니다. 게다가 보증금, 임대료, 인테리어비도 전혀 필요가 없죠. 물론 인터넷이 기반되어야 한다는 전제가 필요하지만, 현대인의 필수품으로 불리는 핸드폰 하나만 있으면 가상의 공간은 언제 어디서든 만들어지죠.

그러나 아직 우리에게 익숙한, 그리고 더 깊은 이야기를 나눌 곳은 오프라인이라는 것을 쉽게 부정하기는 어렵습니다. 실제로 코로나19가 저물어가는 지금에도 많은 독서모임이 오프라인 모임을 중심으로 하고, 이를 보조하고 확장하는 공간으로서 온라인 플랫폼을 사용하고 있습니다. 어쩌면 온라인 모임의 발달로 오히려 오프라인 공간의 중요성이 더욱더 배가되는지도 모릅니다.

운영진의 역할
배는 혼자서 항해하지 않는다

독서모임 단체가 안정적으로 성장하려면 참가자 수가 늘어나야 합니다. 그런데 각 모임에는 적정 인원이 존재합니다. 즉 참가자가 많아지려면 자연스럽게 모임의 수도 늘어날 수밖에 없는 구조죠. 욕심을 부려 별다른 준비 없이 한 모임의 최대 인원을 증폭시켜봤자 결과는 불 보듯 뻔합니다.

어느 분야이건 혼자서 모임을 일정 이상 확장하는 데 한계치가 존재하죠. 독서모임의 경우 이틀에 책 한 권을 읽는다고 가정하면 한 달에 총 15개 모임을 운영할 수 있습니다. 회당 3만 원의 참가비를 산정하여 10명씩 참가하면 직장인 월급 이상의 수입을 벌 수 있죠. 지금이라도 당장 독서모임을 준비해야 할지도 모릅니다. 그런데 이러한 방식은 물리적으로나 정신적으로나 오랫동안 이어지기 힘듭니다. 독서만으로 단체가 운영되지도 않거니와 책을 '읽어내는' 데만 집중하면 책의 깊이를 놓치게 되어 모임의 질은 물 흐르듯 떨어질 수밖에 없습니다. 모임을 함께하는 사람들이 이러한 부분을 모를 리 없을 겁니다. 자연스럽게 재가입률은 떨어지며, 운영자는 흔히 말하는 번아웃이 되죠. 그동안 최소한의 수입으로 버텨온 열정조차 서서히 사라지게 됩니다.

그런 점에서 자신이 해야 할 일을 대신해줄 사람을 찾아야 합니다. 그렇다고 기업처럼 일정 이상의 월급을 주며 인원을 고용하는 시스템을 갖추기란 어렵습니다. 이러한 시스템을 구축한 독서모임은 전국에서도 다섯 손가락 안에 들 겁니다. 그렇다고 모든 일을 외주로 줄 순 없죠. 따라서 자신과 함께 비전을 보며 모임을 꾸려갈 동반자를 찾거나, 모임만을 운영해줄 사람을 찾아야 합니다.

북텐츠는 저와 K가 함께 꾸려갑니다. 공식적으로는 '서포터'라는 이름으로 활동하죠. 둘이니만큼 하나의 기안을 놓고 종종 부딪히기도 합니다. 안건의 결이 안 맞을 때는 소리를 높여가며 2~3시간씩 언쟁하기도 하고요. 다행히도 책을 좋아하고, 책을 두고 사람들과 이야기하는 행위를 좋아하며, 글을 좋아한다는 것은 어느 정도 일치합니다. 저희가 코로나 시대를 버티며 단체를 지속하는 크나큰 이유입니다.

둘이 맡은 포지션은 암묵적으로 나뉘어 있습니다. 기준은 각자가 지금 당장 잘할 수 있는 일이죠. 좋아하거나 해보고 싶은 업무를 맡아도 괜찮으나, 효율성 면에서 최선을 선택했습니다. 작은 단체에서 효율성은 필연적이죠. 적은 수의 사람으로도 효율이 나지 않으면 그 단체의 확장성은 어느 정도 정해져 있을 겁니다. 저는 주로 기획과 홍보·마케팅, K는 회계, CS, 공간 운영을 맡습니다. 지원 사업, 일시적 행사와 같은 비정기적인 업무는 각자가 맡은 일의 바쁨에 따라 협업, 분산 처리하죠. 두 명이 공통으로 전문적이라 말하기 힘든 업무는 외주로 전환합니다.

독서모임 운영을 혼자 한다고 해도 저희가 맡은 업무를 해내는 건 그다지 어렵지 않을 수 있습니다. 저나 K가 혼자 했어도 마찬가지였을 겁니다. 직장생활을 하며 몸에 밴 일반적인 조직 내 업무이니까요. 혼자 하는 일이다 보니 빈틈이 발생할 수는 있으나, 일정 이상의 사회경력이 있다면 분야를 떠나 기본으로 가능할 겁니다. 단, 이 모든 일을 진행하며 개별 모임을 직접 운영하기란 녹록지 않습니다. 사회생활에서 온갖 노하우를 획득한 사람이라 할지라도 말이죠.

모임 운영자 찾기

모임을 운영해줄 사람을 찾아야 합니다. 회사로 보면

팀을 책임지는 팀장의 개념이 알맞습니다. 북텐츠에서는 클럽을 책임지는 사람이란 의미로 '클럽장'으로 칭합니다. 다른 단체에서는 FT, 리더, 모임장, 크루, 메이트 등 모임을 특징짓는 각각의 이름으로 부릅니다. 특별한 호칭 없이 총괄하여 운영진으로 부르기도 하죠.

모임 운영자의 역할은 단체의 특성에 따라 일부 달라질 수 있으나, 대개 비슷한 형태로 흘러갑니다. 북텐츠를 예로 들어볼게요. 클럽장은 단체가 만들어 놓은 시스템 내에서 개별 모임이 원활하게 돌아가도록 합니다. 모임 주제를 선정하고, 그에 걸맞은 커리큘럼, 도서, 발문 등 모임을 전반적으로 기획합니다. 모임 당일에는 한 권의 도서를 바탕으로 참가자들의 이야기가 산으로 가지 않도록 대화를 잘 이끌어가야 하죠.

모임을 이끌어가는 운영자로서의 명확한 기준은 없을 겁니다. 일류 학교를 나왔다고 해서, 책을 많이 읽었다고 해서 좋은 운영자라고 말할 수는 없으니까요. 다만 일련의 '선'은 존재한다고 볼 수 있습니다. 다독을 하지 않아도 괜찮으나 책과 불편한 관계가 아니어야 합니다. 성격이 외향적이지 않더라도 사람과의 관계를 맺는 것에 거부감을 느끼지 않아야 하고요. 말하는 것에 익숙한 사람일지라도 다른 사람의 이야기를 들을 수 있어야 합니다. 사정이 있다면 모임 당일 지각, 결석을 용인할 수 있으나, 그 어떠한 책임감 없이 무성의하게 모임을 운영하지 않아야 합니다. 거기에 더해 모임 주제에 걸맞은 전문성이 있다면 좋습니다. 운영자의 전문성은 참가자에게 호불호를 불러오기도 하지만, 대개 긍정적인 역할을 합니다. 이러한 것들을 조금 더 적확히 하자면 모임을 책임지는 사람으로서 최소한의 예의이자 책임을 말합니다.

이러한 기준에서 해당하는 사람을 찾는 방식은 크게 세 가지로 구분할 수 있습니다. 단체 운영자의 인맥을 통해 찾거나, 모임 참가자 중에서 뽑거나, 외부에서 개별 지원을 받습니다. 셋 중에 가장 효율적인 방법은 내부 인원 중에 선정하는 것입니다. 모임 참가자로서 그 단체가 어떤 성격을 가졌으며, 단체 내에서 모임 운영자가 어떠한 활동을 하는지 눈으로 보고 귀로 들었기 때문입니다. 그런데 이러한 방법과 상관없이 좋은 사람을 찾기란 생각보다 쉽지 않습니다. 비록 작은 모임이라 할지라도 한 조직을 일정 부분 책임지기란 쉽지 않으니까요.

여기서 중요한 한 가지는 그들의 노력을 선의의 개념으로 생각해서는 안 됩니다. 직장인은 정해진 업무를 함으로써 회사에서 월급을 받으며, 강사는 정해진 강의를 하여 관련 조직에서 수당을 받습니다. 독서모임 운영진도 마찬가지입니다. 자신의 시간과 전문성을 들인 만큼 그에 따른 보상을 받아야 합니다. 그런데 안타깝게도 다수의 모임에서 이러한 관점이 적용되지 않습니다. 물론 그러한 이유를 모르진 않습니다. 모임을 통해 발생한 수입이 거의 없다시피 한데, 노력에 대한 보상을 돈으로 한다는 것이 쉽지 않은 일이죠. 도의적인 부분이 걸리지만 어쩔 수 없는 부분으로 합리화하기도 합니다. 모임별 운영자도 이러한 부분을 알기에 명목상으로 상대를 돕는다고 여기거나, 스스로 모임을 즐긴다는 마음으로 모임을 운영할 때가 많습니다.

그러나 분명한 건 작은 단체일지라도 그에 걸맞은 방식을 택할 필요가 있습니다. 온정과 도의의 측면이 아닌 모임의 생존과 성장을 위한 선택입니다. 단체가 지속 성장하기 위해서라도 흔히 말하는 열정페이는 허용하지 않아야 합니다. 아무리 선의로 시작할지라도 노력에 대한 최소한의 대가를 바라는 게 평범한 사람의 마음입니다. 북텐츠는 서포터가 별도의 수입이 없을지라도 클럽장 활동비는 최저시급 그 이상으로 맞추고 있습니다. 클럽장의 책임감이 막중하여서 모임 앞뒤로 들이는 시간과 노력에 비하면 많지 않은 금액일지도 모릅니다. 실제로 북텐츠에는 한 기업의 대표를 비롯해 각 분야의 전문가들이 모임을 이끌고 있습니다. 그들에게 시급 개념은 전제부터가 어울리지 않을 수 있습니다. 그럼에도 한 단체로서 할 수 있는 최선을 다하려 늘 노력합니다.

그런데 막상 사람을 찾다 보면 비용이 큰 문제가 되진 않습니다. 오히려 '책임'에 대한 부담이 장벽으로 존재하죠. 소규모 단체의 개별 모임이라 할지라도 해보지 않은 일을 하는 건 누구에게는 여러모로 부담이 되니까요. 모임 참가자로서 클럽장이 들이는 노력을 보고 오히려 부담이 더해지기도 합니다.

원하는 사람을 찾았다면 그 사람을 설득하는 노력이 필요합니다. 허황된 소설을 이야기하는 것이 아닌 진솔한 에세이 한 편을 상대에게 전달하는 거죠. 상대를 수단으로 삼아선 안 됩니다. 모임을 맡을 장이기 이전에 책을 좋아하고 문화를 좋아하는 한 사람으로 대해야 하죠. 할 일이 너무 많고, 지급받는 비용이 많지 않더라도 왜 모임을 맡아줘야 하는지에 대해서 말이죠. 꼭 맡아주셨으면 하는 분이라면 삼고초려쯤은 기본으로 삼아야 합니다. 저는 가끔 이러한 말을 더하여 이야기할 때가 있습니다.

"개인이 브랜드인 시대입니다. 북텐츠의 한 모임을 맡는 것만으로도 자기 브랜드가 될 수 있습니다. 개인 SNS에 '북텐츠 클럽장'이란 직책을 적을 수 있도록 잘 성장해나갈 자신이 있습니다. 조금 시간이 필요하겠지만, 그리 길지만은 않을 겁니다."

이 말을 들은 상대는 대부분 웃음을 보였는데, 다행히 그 웃음 뒤에는 다수가 긍정적인 답을 건넸습니다. 비록 제 말이 허황된 소설처럼 보였을지라도, 그 안에 담긴 진솔함이 전해지지 않았을까요.

하루는 한 클럽장과 모임 전에 사담을 나누었습니다. 지인으로 시작해 북텐츠에서 인연을 맺은 지 어느새 1년이 지날 때였죠. 그분은 부산에서 브랜딩 회사를 운영하지만, 업의 특성상 대부분 서울에 머물렀죠. 그날은 북텐츠 모임 때문에 서울에서 부산으로 왔고, 모임이 끝나고 바로 다시 서울로 가야 했습니다. 저는 죄송함이 섞인 웃음을 전했고, 아래의 답을 건네받았습니다.

"시간이 흐르다 보면 만나는 사람마다 이익 관계를 생각하고 관계를 맺을 때가 있어요. 사회생활 하는 사람으로서 어쩔 수 없음을 잘 알지만 여러모로 지치죠. 관계를 맺고, 끊고, 다시 맺는다는 게 말이죠. 그런데 여기서 모임을 하다 보니 이익과 상관없는 사람들을 만나요. 게다가 책을 좋아하죠. 서울과 부산을 왕복하다 보니 몸은 지쳐요. 그런데 마음은 재미있어요. 이런 자리가."

어쩌면 클럽장들의 마음을 흔들었던 것은 저의 진솔한 마음보다 독서모임이 건네는 순수한 매력이 아니었을까요.

그날, 저는 코로나 시대에 오프라인 모임을 운영할 또 다른
에너지를 받았습니다.

기획의 중요성
답안지의 선택지를 넓혀야 한다

단체가 성장하려면 참가자 기준에서 답안지의 선택지를 넓힐 필요가 있습니다. 잠시 참가자의 입장이 되어 볼게요. 책을 읽고 난 뒤의 생각을 다른 사람과 공유하고 싶은 직장인 A가 문학과 비문학 도서를 번갈아 읽는 한 독서모임을 발견합니다. 그런데 모임 일정이 화요일 낮과 저녁입니다. 낮에는 근무해야 하며, 저녁에는 퇴근 후 영어 학원에 가야 합니다. 직장인 B는 심리학 도서를 중심으로 하는 모임에 1년째 참가 중입니다. 처음에는 다른 사람의 이야기를 듣는 것만으로도 즐거웠는데, 심리학 특성상 비슷한 이야기가 이어지는 부분이 늘어나면서 모임에 지루함을 느낍니다. 한 사람의 행복론이 단기간에 바뀌진 않으니까요. 단체 내 다른 모임으로 옮기고 싶지만, 대체재가 많지 않습니다. A와 B에게는 선택할 답안의 폭이 넓지 않습니다. 결국 A와 B 모두 일정이 가능한 타 독서모임에 참가하거나, 독서모임을 하지 않는 쪽을 선택할 확률이 높습니다.

독서모임 관련 연구들에 따르면 '참여가능한 독서 프로그램 미흡'은 독서모임 운영자에게나 참여자에게나 주요 애로사항이었습니다. 그렇다고 참가자의 선택지를 무한정 넓히기란 애초에 불가능합니다. 모든 모임을 혼자서 운영하는 것도, 운영할 사람을 찾는 것도 말이죠. 그럼에도 콘텐츠를 바탕으로 다양한 모임을 기획하려는 노력이 필요하다고 봅니다. 이는 소비자에게 모임 참여 선택권을 넓히는 일일뿐더러 모임에 참가하는 사람들의 세대와 직무의 폭을 넓히는 일이기도 하니까요.

신규 모임을 기획할 때 먼저 점검할 부분은 운영자가 조절하고 관리할 모임의 총수입니다. 별도 공간이 있건 없건 가능한 최대치를 감안하고 준비할 필요가 있습니다. 최대치는 공간 유무, 모임 운영자 유무, 한 타임당 동시 운영 모임 개수 등에 따라 달라질 수 있죠.

북텐츠는 평일 오전과 저녁, 주말 오전과 오후로 한정하여 40개 모임을 최대치로 둡니다. 특별한 경우가 아니라면 평일 새벽, 평일 오후, 금요일 저녁, 일요일 오전에는 모임을 만들지 않습니다. 자기계발에 집중하는 사람이면 평일 새벽을 활용하는 사람이 많지만, 운영상 변수가 많죠. 특히 모임을 담당하는 사람이 갑작스레 부재하면 대체할 방법도 마땅치 않습니다. 평일 오후는 참가자의 선택지가 좁습니다. 일반적으로 평일 낮에는 주부, 프리랜서, 학생들이 주 참가대상인데요, 학부모는 자녀가 하교하는 오후 2시 전후로 시간을 자유롭게 활용하기 어렵죠. 금요일은 변수가 너무 많습니다. 독서모임의 경쟁자는 타 독서모임만이 아닙니다. 야근, 지인들과의 술자리, 드라마 시청 등 다양한 이유로 결석 확률이 높습니다. 대신 금요일은 일회성 행사 프로그램으로 채워지는 편입니다. 일요일 오전은 전날의 피로와 더불어 종교적 이유로 모임이 원활히 운영되지 않는 편입니다. 물론 요일 및 시간별 문제들과는 상관없이 모임을 개설하여 진행할 수는 있습니다. 그러나 참가자의 결석이 많거나, 운영자에게 부담이 되는 요소들이 늘어나면 장기적으로 호재보다는 악재에 가깝습니다.

어떤 모임을 개설할 것인가

콘텐츠를 활용한 기획은 두 가지 조건 속에서 완성된다고 볼 수 있는데요. 첫 번째는 의미가 존재해야 하며, 두 번째는 그 의미가 수신자에게 전달되어야 하죠. 전자가 본질적 조건이라면, 후자는 소비적 조건에 가깝습니다. 좋은 기획은 둘을 동시에 갖춰야 합니다. 그러한 연장선에서 북텐츠는 '클럽', '클래스', '네트워킹'으로 구분하여 모임을 기획합니다. 단순히 개별 주제를 바탕으로 콘텐츠를 나열하여 기획하는 건 의미를 가질 수는 있으나, 수신자에게 온전히 전달되지 못해 오히려 혼란을 불러올 수 있기 때문입니다.

클럽은 한 달에 한 번씩 한 권의 책을 읽고 사람들과 이야기 나누는 방식입니다. 시중에서 쉽게 접할 수 있는 일반 독서모임 형태죠. 모임 주제는 인문학, 문학, 비문학 등으로 나누기도 하며, 아름다움, 죽음 등 추상적인 주제를 틀로 하여 구성하기도 합니다. 클래스는 전문성이 가미된 강의 형식의 커리큘럼을 바탕으로 합니다. 네트워킹은 비정기적인 형태로 작가와의 만남, 비경쟁토론, 각종 문화살롱 등 기존의 독서 토론 형태보다는 자유로운 형태의 모임을 지향합니다. 특히 네트워킹은 색다름과 더불어 친목에 따른 관계성 증대를 목적으로 하는 만큼 커뮤니티 기반에 있어서 아주 중요한 역할을 하게 되죠.

단순히 모임의 수를 늘리기만 하는 건 좋지 않은 선택이 될 수 있습니다. 흔히 특별한 기준 없이 다양한 책을 읽는 모임을 종합 모임이라 칭하는데요, 종합 모임을 이름만 바꿔가며 요일마다 만든다면 참가자에게 답안의 선택지가 넓어질 순 있으나 무취로 인한 단체의 특색을 잃는 선택이 될 수도 있습니다. 독서모임의 가장 큰 특징은 책을 두고 이야기하고 싶은 사람이라면 '누구나' 시작할 수 있다는 건데요, 특색이 불분명한 독서모임은 장기적으로 봤을 때 상대적으로 사람들에게 전달되는 매력이 떨어질 수 있음을 유의해야 합니다.

모임을 기획할 때는 창의성, 대중성, 목적성이 중요합니다. 콘텐츠 기획이자 브랜딩에서 필수 항목들이죠. 창의성은 콘텐츠의 홍수에서도 살아남을 수 있으며, 소비자에게 색다른 즐거움을 제공합니다. 그러나 대중성이 배제된 창의성은 다수가 아닌 소수에게 적용될 확률이 높아 지속되기 어렵죠. 그런데 둘을 내포한다고 해도 단체의 목적성이 결여된 기획은 단체의 지속성장에 방해요소가 될 수 있습니다. 그런 점에서 시중에서 쉽게 볼 수 없는 신선한 기획이라 할지라도 독서와의 연관성이 부족하면 일차적으로 배제하는 걸 권장합니다. 대신 기획을 통해 기존 방향에서 '가능한' 독서를 '첨가'할 부분을 찾을 수 있습니다. 맞물림에서 어색함이 발생할 순 있으나, 이를 최소화하려는 노력과 기획이 필요한 이유일 겁니다.

반대로 시중에서 쉽게 볼 수 있는 콘셉트를 가진 형태라 하더라도 독서를 통하여 새로운 모임을 기획할 수 있습니다. 한 예로 북텐츠에서 진행한 '컬러링북'을 들어볼게요. 책을 읽다 보면 이미지화하고픈 장면들이 존재하죠. 그런 장면이 삽화 형태로 되어 있지 않다면 대부분 상상에 머물게 되죠. 컬러링북은 상상을 현실화시킵니다. 참가자들은 한 권의 책을 읽고 모임에 참여한 후 책에 대한 이야기를 나눕니다. 그중 하나의 텍스트를 바탕으로 떠오르는 이미지를 직접 그림으로 표현하죠. 모임 운영자는 그림 그리기를 부담스러워하는 사람들의 부담을 최소화하도록 옆에서 돕습니다. 모임 운영자가 책의 내용을 알지 못한다면 단순히 그림의 기술적인 부분만 첨가하게 되지만, 책을 읽고 내용을 이해하고 있기에 참가자가 그리고자 하는 결에 맞춰서 적절한 도움을 줄 수 있습니다. 참가자들은 책을 읽고 그림을 그리는 과정에서 삶의 위로를 발견하게 됩니다. 한 참가자는 다음과 같은 후기를 남겼습니다.

책을 보며 이미지를 종종 떠올린다. 그 이미지란 결국 시간이 지나면 산산이 부서져 흩어지게 된다. 그런데 컬러링북에서는 부서지는 이미지를 실제화시키는 역할을 했다. 물론 초등학교 이후로 그림이라는 걸 그려본 적이 없다. 다행히도 클럽장의 도움 아래 부족하지만 작은 그림 하나를 완성했다. 내 손으로 그림을 완성했다는 것보다 더욱더 놀라운 것은 그림을 그리며 뭔가 모를 위로를 받았다는 것이다. 사람들이 그림을 그리는 이유를 얼핏 알 것 같았다.

또 다른 예로 '다큐로 책을 읽다' 모임을 들 수 있습니다. 하나의 주제를 바탕으로 한 다큐멘터리를 함께 시청한 후 다큐 주제와 관련된 책 혹은 텍스트에 연관성을 두어 이야기를 나누죠. 단순히 이야기를 나누는 데만 그치지 않고 자신의 생각을 글로 이어감으로써 떠다니는 이미지를 텍스트화합니다. 예를 들어 '가치 있는 삶의 기준'에 대한 주제로 다큐 〈피카소 드로잉 댄서〉와 도서 『82년생 김지영』을 두고 이야기를 나누고 글도 씁니다. 예술가 피카소, 댄서 그리고 주부 김지영을 바라보는 사람들의 시선을 통해 예술가와 평범한 주부 간의 관계성을 이해하고 받아들인 부분을 글로써 자신의 삶으로 이어갈 수 있습니다.

시중에 어떠한 대상을 두고 그림을 그리거나 특정 영화를 보고 이야기 나누는 모임은 많으며, 하나의 책을 두고 이야기 나누는 모임은 더욱더 많습니다. 결국 어떤 콘텐츠를 바탕으로 어떻게 기획을 하느냐에 따라 모임의 커리큘럼과 질이 달라질 것입니다. 이는 참가자가 독서모임에 꾸준히 발을 내디디는 동기가 되죠.

그러나 안타깝게도 재밌고 신선한 기획을 바탕으로 모임을 개설해도 최소 인원이 모이지 않아 모임이 열리지 않을 수 있습니다. 기획의 문제일 수도, 홍보의 문제일 수도 있죠. 물론 이 두 가지 요소가 충족되어도 참가비가 비싸면 소비자의 외면을 받을 수 있죠. 다만 이러한 부분을 자연스럽게 받아들일 필요가 있습니다. 대기업에서 몇 달간의 기획을 통해 수억 원의 마케팅 비용을 들여 홍보해도 시장에서 외면받는 제품이 다수인 것과 같은 원리죠.

가끔은 이러한 반복에 지쳐 운영에 힘을 잃기도 합니다. 노력과 비용의 크기가 회사의 그것과는 상대적으로 많은 차이가 날지라도, 기대에 따른 실망을 모른 척할 수 없으니까요. 그럼에도 불구하고 지치지 않고 끊임없이 기획하는 노력이 필요합니다. 새로운 기획을 멈추고 안정적인 운영에만 힘쓴다면 물은 이른 시간 내에 고이고 만다는 것을 우리는 수많은 경험에서 알 수 있습니다. 분명한 한 가지는 운영자가 들이는 노력만큼 양질의 결과물이 참가자에게 가닿을 때 참가자는 모임에 만족할 확률이 높아진다는 것입니다. 더 나아가 독서의 즐거움을 마주할 수 있을 겁니다.

참가비의 가치
비용은 도대체 얼마가 적정한가?

유명 브랜드의 최신 제품이거나 최고급 서비스일지라도 가격이 소비자의 마음에 들지 않으면 철저히 외면을 당하기도 합니다. 명품처럼 프리미엄 이미지가 소비자에게 각인되면 가격의 영향으로부터 일부 해방될 수 있으나, 그렇지 않은 다수는 소비자의 가격 민감성에서 벗어나기 어렵습니다.

독서모임도 마찬가지입니다. 교통이 편리한 곳에 안락한 공간을 만들어 다양한 콘텐츠를 바탕으로 매력적인 모임을 만들었어도 참가비가 사람들의 마음에 들지 않으면 모든 게 헛수고가 될 수 있죠. 특히 독서모임 이미지는 프리미엄은 고사하고 오랫동안 무료에 가까운 저렴한 금액으로 할 수 있는 활동으로 대중에게 인식되었어요. 그러한 이미지가 팽배했던 만큼 최근 독서모임 시장에서 언급되는 가격을 보면 혹자는 '단지 책 읽고 수다 떠는 데 이 정도 금액을 지급해야 한다고?'라고 생각할지도 모릅니다.

제품과 서비스의 가격을 책정하는 기준은 여러 가지가 있지만, 일반적으로 소비자가 그 가격을 지급하고서라도 사용할 의사가 있는지가 중요합니다. 모임 참가비가 비싸다는 인식이 발생하면 그 모임은 사람들의 시선에서 멀어지게 되죠. 반대로 커리큘럼에 비해 참가비가 저렴하다는 생각이 들면 모임의 질이 빛 좋은 개살구가 아닐까 의심하기도 합니다. 그런 점에서 운영자에게나 참가자에게나 가장 좋은 반응은 '커리큘럼은 좋은데 생각보다 비싸지는 않네.'가 아닐까 합니다. 이러한 바탕에는 콘텐츠의 풍성함과 브랜드 가치가 큰 역할을 하겠죠.

가격을 책정할 때는 경쟁업체 분석을 통한 시장 가격 파악이 빠르게 진행되어야 합니다. 이 부분이 제대로 진행되지 못하면 그 분야에서 압도적 브랜드 우위를 가지지 않는 한 생존과는 일정 거리를 둘 수밖에 없으니까요.

제가 십여 년 전에 독서모임을 처음 접했을 때 독서모임에는 고정 참가비란 개념이 없다시피 했습니다. 있다면 카페에서 시킨 각자의 음료값이었죠. 윈드북을 만들어서 운영할 때도 마찬가지였습니다. 이러한 부분은 지역과 크게 상관이 없었을 겁니다. 시간이 꽤 흘러 4년 전 독서모임에 다시 발을 내디뎠을 때 부산 내 독서모임 평균 참가비는

5천 원~1만 원이었습니다. 여기에는 음료, 공간 사용료 등이 포함되어 있었으나, 그동안 발생한 물가 성장률 대비 참가비가 많이 올랐다고 보기는 어려웠죠. 물론 인건비 개념은 해당조차 되지 않았죠. 현재 부산 기준 독서모임 회당 참가비는 5천 원에서 5만 원까지 넓게 분포되어 있습니다. 최상단을 제외하고는 서울을 비롯한 다른 지역도 비슷한 범주입니다.

2018년 전후로 부산 내 독서모임에서 가격 인상을 두고 꽤 이슈가 있었습니다. 당시 평균 대비 5천 원을 올리느냐 마느냐의 갈래였죠. 부산에서 회당 1만 5천 원인 모임이 거의 없다시피 했기에, 무려 50% 인상인 만큼 조심스러울 수밖에 없었죠. 가격을 인상했을 때 이전과 같은 수의 사람들이 들어온다면 총 수입이 늘어나지만, 가격 인상에 부담을 느껴서 기존 참가자의 재가입이 안 되면 오히려 역효과인 거죠. 결과적으로 일부 단체는 모임의 안정적인 운영이란 대의적인 이유로 가격을 인상했습니다. 당시에 가격 인상을 두고 주변에서 부정적인 반응이 많았습니다. 아마도 금액과 시기만 다를 뿐 각 지역에서 비슷한 일들이 발생하지 않았을까 합니다.

북텐츠를 시작할 때도 가격에 대한 논의가 꽤 길었습니다. 무턱대고 시장 평균가인 1만 5천 원을 적용하긴 어려웠죠. 참고로 여기서 말한 '평균'이란 별도의 목적성을 두고 여러 개의 개별 모임을 운영하는 단체를 말합니다. 그렇다고 위험을 감수하고 고가로 적용하긴 어려웠습니다. 가격 논의 시 코로나 바람은 생각도 못 했으나, 신규 단체로서는 쉽지 않은 시도였죠. 결국 전략적으로 시장 평균가보다 아래의 금액으로 모임을 시작했습니다. 그로부터 3년이 흐른 지금은 양질의 측면에서 모임의 지속성장을 위해 회당 2만 원 전후의 가격을 적용하고 있습니다.

가격은 모두를 만족시킬 수 없습니다. 아무리 좋은 아이템이라 할지라도 말입니다. 그런 점에서 시장의 평균가인 1만 5천 원이 비싸다고 여길 수 있습니다. 오래전부터 독서모임에 참여한 사람이라면 더욱더 그럴 수 있죠. 0원에서 1만 5천 원은 상승률 자체가 적용이 되지 않으니까요. 그렇다면 왜 1만 5천 원이 생성되는 걸까요? 단순히 영화 한 편의 관람비가 1만 4천 원이기 때문은 아닐 것입니다.

참가비는 왜 1만 5천 원일까

기존의 독서모임은 책을 기반으로 하는 만큼 문화산업에 해당한다고 볼 수 있습니다. 그런데 시간이 흐를수록 독서모임에도 다양한 형태가 생기면서 지식서비스 산업에도 발을 내딛게 됩니다. 지식서비스란 인간의 지식을 집약해

높은 부가가치를 창출하는 서비스를 일컫습니다. 독서모임은 책을 읽고 책 내용을 기반으로 하여 다양한 이야기를 나누는 자리입니다. 이는 책에 담긴 무한한 지식을 흡수하여 사고의 과정을 거친 후 정제된 지식을 입을 통해 밖으로 꺼내는 행위입니다. 자신의 정제된 지식을 타인에게 제공하고, 타인의 정제된 지식을 자신에게 흡수하는 상호작용으로 볼 수 있죠.

이러한 산업의 특성상 공급자 중심으로 가격을 책정할 수 있습니다. 일반적으로 제품 가격은 제품 원가가 존재하기에 '어느 정도'의 소비자인지가 가능하죠. 그런데 문화나 지식서비스 분야는 원가 개념이 모호하기에 그러한 부분이 마땅치 않죠. 독서모임에서 공간 관련 비용을 제외하면 눈에 보이는 제조 원가가 없다시피 합니다. 소비자로서는 보이지 않는 원가를 애써 찾을 필요가 없습니다. 소비자에게 중요한 건 눈에 보이는 가격과 그에 걸맞은 서비스이니까요. 불과 5년 전까지만 해도 평범한 소비자였던 저도 비슷한 관점에 속했습니다. 그런데 막상 단체를 운영하면 보이지 않던 부분이 선명히 드러나면서 보이지 않는 서비스에도 큰 비용이 투입되고 있음을 알게 되었습니다.

조금 더 면밀히 바라보겠습니다. 별도 공간을 가지거나 정기적으로 대관하는 공간이 있다면 월세를 포함한 공간 비용을 월 50~200만 원으로 잡을 수 있습니다. 추가로 매월 전기·수도세, 다과·물품 구매비 등 고정비가 발생하죠. 마케팅비는 매달 편차가 있으나, 고정비 개념으로 발생하는 건 매한가지입니다. 특히 새로운 시즌을 앞두면 마케팅비는 급격히 상승하게 되죠. 모임별로 모임을 진행하는 사람이 따로 있다면 인건비를 제공해야 합니다. 열정페이는 모임 생존에 오히려 독이 될 수 있죠. 일정 이상 규모를 갖춘 단체들은 월세 이상으로 인건비가 지급됩니다. 이 모든 금액을 최소로 잡는다면 월 150만 원 전후의 비용이 발생합니다. 1만 5천 원을 참가비로 했을 때 100명의 회원이 없다면 마이너스 운영인 셈이죠. 즉 1만 5천 원은 현실적인 손익분기점 역할을 합니다. 이 금액에는 공간 임대 보증금, 최소한의 공간 인테리어비, 운영자 인건비는 전혀 고려하지 않았습니다. 서울·수도권 물가가 부산보다 전반적으로 비싸다는 점을 고려하면 서울에서 1만 5천 원은 마지노선조차 될 수 없을 겁니다.

추가로 앞서 언급한 보이지 않는 서비스도 존재하죠. 작은 단체의 특성상 참가자 개인별로 연락을 취해야 합니다. 전형적인 B2C 구조입니다. 단순 문의에 대한 안내를 비롯해 클레임 발생 시 해결 등 시간과 감정에 대한 소비가 발생합니다. 마땅한 비용을 책정할 수 없는 부분임을 부정할 순 없으나, 현대인에게 시간과 감정의 비용은 충분한 가치를 지녀야 한다고 봅니다. 독서모임 운영자들의 인터뷰 등에서 이 부분에 가치를 많이 투여할수록 참가비가 올라가는 경향을 보이기도 했습니다.

물론 참가비를 꼭 1만 5천 원 전후로 둘 필요는 없습니다. 가격은 각 모임만의 특성과 상황에 맞춰서 충분히 달리할 수 있죠. 회당 참가비가 10만 원이건, 무료이건, 그것은 운영자의 선택입니다. 대신 가격을 결정할 때 문화 및 지식 서비스를 제공하는 한 사람으로서 시장을 바라보는 객관적인 눈을 가질 필요가 있습니다. 가격에 대한 자신만의 기준이 확립되지 않은 채 모임을 운영하기란 어렵기 때문입니다.

독서모임이 안정적인 수입을 발생하기 위해서는 크게 세 가지 방법이 존재합니다. 하나는 콘텐츠의 다양화를 바탕으로 모임 수를 증가하여 참가자의 비례적인 증가를 이루는 것입니다. 또 하나는 공간과 모임의 질이 향상되어 가급적 소비자 기준에서 비싸지 않다는 인식 아래 회당 가격이 증가하는 것입니다. 마지막으로 단체의 비전을 긍정적으로 바라보는 투자단체의 지원으로 모임의 외적 성장을 이루는 것입니다. 지원 사업에 통과되어 일부 금액을 지원받음으로써 운영비가 상쇄되어 수익이 증가할 수도 있습니다. 하지만 지원 사업의 결과에 따라 경로가 달라지는 만큼 일시적 방법으로 바라봐야 합니다.

외부 투자는 장기적인 관점에서 바라본다면, 결국 나머지 두 가지 관점에 초점을 맞출 수밖에 없을 겁니다. 물론 참가자가 모임 커리큘럼을 확인 후 가격이 비싸다고 여긴다면 공급자의 어떠한 문제일 확률이 높습니다. 따라서 공급자는 소비자가 생각하는 가격에 걸맞거나 그 이상으로 합당한 모임의 질을 제공하도록 꾸준히 고민하고 노력해야 합니다. 이는 시장 가격이 명확히 잡혀 있지 않은 독서모임이 수익을 창출하기 위한 최선의 노력이자 생존을 위한 전제입니다.

홍보의 필요성
홍보는 어떻게 해야 하는가?

　모임을 시작할 준비가 어느 정도 되었다면 홍보·마케팅에 집중해야 합니다. 저를 비롯해 주변에서 많은 문화단체가 가장 어려워하는 부분입니다. 매력적인 모임을 만들었으니 자연스럽게 사람들이 모일 것으로 여기면 철저한 오판입니다. 콘텐츠가 범람하는 시대에 홍보에 집중하지 않으면 힘들게 만든 콘텐츠가 빛을 보지도 못하게 되죠. 지인이 많다고 자부하거나, 소수 인원으로 할 예정이라 별다른 홍보를 하지 않는 사람도 있습니다. 물론 특별한 노력 없이 사람들이 충분히 모인다면 그것보다 좋은 시작은 없을 겁니다. 그런데 그런 상황이 지속해서 발생하진 않죠. 기존 회원 중 일부가 그만둘 수도 있고요. 결국 모임이 지속 생존하기 위해서 홍보·마케팅을 게을리해서는 안 됩니다.

　먼저 단체의 대문이 필요합니다. 온라인 검색 및 광고를 통해 사람들이 마주하는 웹페이지를 말합니다. 단체의 첫인상을 결정하는 만큼 잘 꾸며져 있으면 좋습니다. 일반적으로 블로그 및 카페를 주로 활용하는데요, 블로그는 개방성을 띠고 있어서 접근성이 용이합니다. 대신 잠재 회원확보를 위해서 단체를 특징하는 자료를 꾸준히 업데이트해야 하죠. 카페는 블로그와 반대로 폐쇄성을 띠어 접근이 쉽지 않지만, 잠재 회원을 빠르게 실제 회원으로 유도하여 단체 충성도를 높일 수 있는 이점이 있습니다.

유료 독서모임 단체들은 개별 홈페이지를 주로 활용하는 편입니다. 블로그와 카페를 사용하는 것보다 외적으로 조금 더 준비된 단체로 보이죠. 블로그처럼 매일 자료를 올리지 않아도 되며, 홈페이지에 가입한다면 카페만큼 참가자의 충성도를 확보할 수 있죠. 대신 홈페이지 틀을 제공하는 아임웹, 카페24 등을 이용하려면 연간 몇십만 원 이상의 비용이 들어가죠. 웹디자인을 할 만한 사람이 없다면 별도의 디자인 비용도 발생합니다. 홈페이지 형태는 가지고 싶지만 개별 작업이 부담스러운 사람에게는 네이버 modoo를 추천합니다. 유료 홈페이지 틀만큼 섬세하진 않아도 별도의 비용 없이 괜찮은 대문을 마련할 수 있습니다.

이러한 작업이 전체적으로 부담스럽게 느껴지면 소모임, 밴드, 카카오톡 등 일상에서 자주 사용하는 어플을 활용해도 됩니다. 그런데 일부 어플은 접근성에 대한 한계점이 드러나기도 합니다. 한 예로, 소모임은 젊은층에서, 밴드는 중장년층에서 주로 사용하기에 세대를 확장하기에는 일부 어려움이 있습니다. 인스타그램, 페이스북 등의 SNS를 활용할 수 있지만, 회원 관리가 어렵다는 점과 어플을 사용하지 않는 사람의 접근성 등의 문제가 있습니다. 한 사람이 모임을 운영한다면 이 모든 플랫폼을 관리하기 어렵습니다. 배보다 배꼽이 더 큰 상황이 되겠죠. 그러니 자기 모임의 주요 타깃층에 맞는 플랫폼 선택이 필요합니다.

홍보는 어떻게 해야 할까

대문이 준비되었다면 본격적인 홍보를 진행해야 합니다. 지인 홍보보다는 불특정 다수 홍보에 집중하면 좋습니다. 주변에 책 읽는 사람이 많지 않은 것이 엄연한 사실이니까요. 한 명이라도 많은 사람에게 단체의 대문이 닿도록 노력해야 합니다. 홍보에는 무수히 많은 방법이 있지만, 특별한 기술과 전문성 없이도 활용할 방법이 있습니다. 분야와 상관없이 단체를 운영하는 사람들에게는 보편적인 방법들이지만, 그렇지 않은 사람들에게는 작게나마 도움이 될 수 있을 것 같습니다.

먼저 네이버에 단체 웹사이트가 나올 수 있게 해야 합니다. 북텐츠 유입 경로와 유입 검색어를 확인했을 때 네이버에서 '부산독서모임'을 통해 찾는 경우가 압도적으로 많았습니다. 검색 사이트 활용으로 구글 사용자가 늘어나고 있으나, 아직 대중에게는 네이버가 가장 편리하게 사용하는 검색 도구인 것이죠. 특히 중장년층 유입을 위해서는 필수로 진행해야 합니다.

네이버를 통해 잠재회원이 유입될 확률을 높이는 방법으로 네이버 파워링크에 웹사이트를 등록하거나, 블로그나 카페에 '#○○독서모임'과 같이 그 지역 독서모임을 상징하는 태그가 달린 글을 정성스럽게 작성 후 네이버 VIEW(블로그, 카페)란에 검색될 확률을 높여야 합니다. 블로그 상단에 올릴 특정 방법들이 있으나, 그렇지 않더라도 모임과 관련된 글을 정성스럽게 작성하면 상단에 드러날 수도 있습니다. 독서모임이란 키워드 자체가 음식점이나 유명 관광지처럼 아주 치열한 시장은 아니니까요. 네이버 블로그가 있다면 '네이버 우리동네'는 꼭 활용해야 합니다. 블로그에 일련의 글을 작성한 후 네이버 우리동네 공식 블로그[2]에 글을 남기면 검토 후 네이버 홈 화면에 등록해줍니다. 네이버 홈에 글이 올라온 당일 블로그 방문자가 거주 지역 주민일 확률이 아주 높다는 이점이 있습니다.

---

2   https://blog.naver.com/nv_place

네이버 다음으로 독서모임 유입량이 높은 플랫폼은 인스타그램과 페이스북입니다. 홍보를 한 번이라도 진행해본 사람이라면 두 플랫폼을 활용한 마케팅은 기본 중의 기본으로 여기죠. 그런데 이러한 경험이 없다면 지금 당장이라도 두 플랫폼 중 하나를 개설하여 게시물을 올리며 잠재 회원과 소통할 필요가 있습니다. 두 플랫폼은 스폰서 광고라는 유료 서비스를 활용할 수 있는데요, 새 시즌이나 행사를 앞두고 단기간에 유입률을 유의미하게 증가시킬 수 있습니다. 일정 비용이 들지만, 소액으로 충분히 할 수 있습니다. 단체의 평균 나이대가 낮아지길 원한다면 더욱 신경 써야하죠.

최근 들어 유튜브를 활용한 홍보도 많아지고 있으나 유튜브 할 시간이 마땅치 않다면 권장하긴 어렵습니다. 시중에 영상 활용도가 높아지면서 유튜브 홍보가 성과를 보이지만, 쉽게 접근하기 힘든 이유는 시간과 비용이 많이 들어가기 때문이죠. 대신 단체에서 영상 작업에 적합한 능력을 갖췄다면 적극적으로 접근할 필요가 있습니다.

외부 홍보만큼이나 내부 홍보도 중요합니다. 직장에서 배웠던 한 가지는, 기존 고객 관리와 신규 영업의 비중은 6:4로 두는 게 효율과 효과라는 두 마리 토끼를 잡을 수 있다는 거였죠. 외부 홍보와 내부 홍보가 자연스럽게 순환하는 게 홍보의 최종 목표가 아닐까요. 기존 회원이 모임에 만족하면 이탈을 막을 수 있으며, 자연스럽게 입소문으로 이어질 수 있습니다. 구전 마케팅을 통한 회원 유입은 인원이 충원되는 최고의 방법이죠. 기존 참가자와 예비 참가자가 편하게 유입되도록 카카오톡, 밴드, 소모임 등의 어플을 활용하면 좋습니다. 이벤트, 개별 행사와 같은 소식을 내부에 사전 홍보함으로써 멤버십을 공고히 할 수 있죠. 커뮤니티의 이점을 극대화하려면 사람들의 소속 욕구를 만족시킬 필요가 있습니다. 이 또한 효율성 면에서 하나의 플랫폼을 활용하는 걸 권장합니다.

홍보에 일정 이상의 비용과 시간을 들여도 그에 비례하여 결과가 나온다고 보장할 수 없습니다. 대기업에서 하는 홍보가 무조건 성공하지 않는 것도 마찬가지죠. 단체에 홍보·마케팅에 특화된 사람이 없다면 결과는 지지부진할 수 있습니다. 그러한 결과가 지속되면 운영자는 지칠 수밖에 없죠. 도서 선정과 발제에 집중하여 모임의 질을 높이는 게 낫다고 판단하여 홍보에 들이는 시간을 줄이는 게 더 나을지도 모릅니다.

다만, 구전은 일정 속도가 붙기 전까지 느리게 확산되는 특징이 있습니다. 일정 속도의 기준은 누구도 가늠할 수 없죠. 느림의 미학은 분명히 존재하지만, 작은 단체의 생존을 위해서는 일정 속도가 꼭 필요합니다. 운영자가 홍보에서 멀어지면 모임 확장이 정체될 뿐 아니라 단체의 생존도 위협받을 수 있습니다. 사람들이 검색 한 번만으로도 자연스럽게 유입될 수 있을 정도의 브랜드가 되기 전까지 홍보·마케팅에 힘을 많이 들여야 하는 이유입니다.

지원 사업의 중요성
생존을 위한 선택지

문화체육관광부에 따르면 독서모임의 평균 수명은 3년 이라고 합니다. 창업 3년이면 어느 정도 결과가 판가름 난 다는 말과 맥락을 함께하겠죠. 즉 독서모임을 지속하기 위 해서는 3년을 버틸 최소한의 방법이 필요합니다. 개인의 노 력으로 가능한 영역이지만, 안정적인 기반을 닦을 무언가 가 있다면 잠시 손을 빌려도 괜찮습니다. 특히 오프라인 플 랫폼을 운영하는 사람들에게 최악의 환경을 만들어준 코 로나 시대와 같은 환경에서는 말이죠. 독서모임을 통한 일 련의 목적성을 가진 사람이라면 각종 지원 사업에 관심을 둬야 하는 이유입니다.

전국 시·도청을 비롯해 각종 기관에는 다양한 지원 사 업이 진행 중입니다. 그런데 각자의 손에 쥐어지지 않는 이 유는 평소에 관심을 두지 않거나, 관심을 둬도 지원 사업을 진행할 일손이 모자라기 때문이죠. 독서모임을 주제로 한 강연 자리에서 이와 같은 이야기를 하면 나이대가 조금 있으신 분들은 "에이, 그런 건 젊은 사람들이나 하는 거죠"라고 합니다. 어쩌면 이러한 생각이 나이대 구분 없이 독서모임 운영자에게 팽배해 있지 않을까 생각합니다. 그렇기에 각종 공모사업에 지원하면 면접관들이 독서모임이란 소재에 의문이 가득한 눈길을 보내는 게 아닐까요.

지원 사업 공모는 대부분 그해 1~3월에 집중됩니다. 별도의 단기성 프로젝트가 아니라면 대부분 연간 지원 개념이죠. 신청 단체건, 지원해주는 기관이건, 연 단위의 프로젝트가 유의미한 결과를 불러오기 때문일 겁니다. 지원 기관의 목적은 신청 단체가 성장하길 바라는 것이지, 단순히 인공호흡에서 끝나길 바라진 않습니다. 심사 절차가 길어질 때도 있지만, 대부분 4~5월에는 공모 프로그램이 실행될 수 있도록 하죠.

공모 준비는 늦어도 공모 당해 이전 12월부터 준비하면 좋습니다. 공모 양식이 나오지 않았을 때지만, 이전 해에 진행한 양식을 참고하면 됩니다. 처음으로 진행되는 공모가 아니라면 이전 해에 했던 틀과 비슷하게 움직일 가능성이 큽니다. 예산과 지원 기준 등 세부사항은 일부가 바뀔 수 있으나, 준비된 자가 작은 변화에 유연하게 대처할 수 있습니다.

마땅한 아이템이 떠오르지 않을 때는 해당 지원 사업에서 이전에 선정된 단체들의 이력을 확인해보면 많은 도움이 됩니다. 지원 기관들은 투명하게 사업을 진행하고자 공모 합격자를 대부분 공고하는 편인데요. 리스트를 기반으로 웹사이트나 SNS에서 조금의 시간을 들인다면 관련 프로그램 활동을 발견할 수 있습니다. 독서모임을 기반으로 하는 아이템이 없다고 해도 실망할 필요가 없습니다. 황량한 사막에서 생수 한 모금은 꽤 귀중한 역할을 하죠. 선정된 단체의 특성을 잘 파악하면 적어도 준비하려는 내용에서 부족한 부분들을 발견할 수 있으니까요. 진행하려는 프로젝트의 목적에 벗어나지 않는 선에서 지원 기관이 원하는 방향으로 손길을 내밀면 됩니다.

다만, 전체 공모 중에서 독서모임에 해당하는 공모는 상대적으로 많지 않은 편입니다. 독서모임 관련하여 지원 사업을 진행해주는 단체로는 지역 문화재단, 독서동아리 지원센터, 지역 도서관, 한국문화예술위원회, 한국출판문화산업진흥원, 책읽는사회문화재단 등이 있습니다. 독서모임의 틀을 벗어나 독서라는 아이템으로 확장하면 시청, 구청, 한국사회적기업진흥원, 중소기업청, 한국예술인복지재단, 지역정보산업진흥원 등도 해당됩니다. 아마도 지원 사업에 익숙하지 않다면 시군구청, 도서관, 문화재단 정도를 제외하고는 처음 들어본 이름이 많을 텐데요, 그래도 하나씩 검토하여 자기 단체에 맞는 공모를 발견할 수 있습니다.

공모 지원하기

공고가 뜨면 모집 공고문을 세심히 분석할 필요가 있습니다. 제일 먼저 신청 자격을 확인해야 하죠. 아무리 좋은 아이템이라도 신청 자격에 해당하지 않으면 아무런 의미가 없으니까요. 부산시청에서 진행하는 공모 사업에 지원할 때였습니다. 제출 마감 전날까지 서류를 열심히 준비했는데, 제출 당일에서야 지원 자격에 해당하지 않음을 알았죠. 완성된 서류에만 정신이 팔려 관련 내용을 유심히 살피지 못한 탓이었습니다.

신청 자격에서 문제가 빈번히 발생하는 부분은 사업자 관련 유무인데요. 문화재단, 독서동아리 지원센터, 도서관 등을 제외하면 대부분 사업자등록증에 해당하는 서류를 요구합니다. 단순 동아리보다는 창업의 형태로 접근하길 바라서이며, 예산 소모에 따른 부분도 있습니다. 또한 문화 관련 공모에는 자격에 '청년'이 들어간 부분이 많은데요. 중요한 건 공모에 따라 청년의 기준도 가지각색이라는 점입니다. 이 밖에도 다른 공모와 겹치는 부분도 확인해야 합니다. 지원 단체에서 제시된 몇몇 공모에 합격 이력이 있거나,

특정 사업 공모와 동시에 지원할 수 없다는 부분이 명시될 확률이 높습니다. 한 지인은 설마 확인할까 하는 마음으로 같은 프로그램으로 세 군데에 지원했습니다. 프로그램의 내용이 좋아서 모두 합격했으나, 결과적으로 두 군데를 포기해야 했죠.

신청 자격에 해당한다면 세부사항을 하나씩 확인하면 됩니다. 사업목적이 문화를 중심으로 하는 공모인데 취·창업 쪽으로 아이템을 맞추면 심사 시 관심도가 떨어질 확률이 높습니다. 이와는 반대로 독서모임에 대해 사회문제를 해결하길 원하는데 단순히 모임 활성화를 위한 내용만 기술한다면 결과는 비슷할 겁니다.

대부분의 공모는 심사항목별 평가 기준이 있습니다. 총점에 의해 심사가 결정이 나지만, 한 항목에서 절대적으로 점수가 낮지 않도록 골고루 신경을 써야 하죠. 대신 점수 배점이 압도적으로 높은 항목이 있다면 그 항목에 에너지를 많이 쏟아야 합니다. 이러한 부분을 제대로 확인하지 않으면 가장 적은 점수가 부여되는 항목에 가장 많은 시간을 쏟게 되죠. 한 사람에게 해당하는 업무가 많은 작은 단체에서는 지원 사업도 효율성에 집중할 필요가 있습니다.

지원 예산으로 월세를 충당하거나 공간을 임대하려 하는데 지원분야에 임대료를 책정하지 않는 공모가 생각보다 많습니다. 프로젝트의 중심이 기획비, 인건비인데 전체 비용에서 일정 비율로 정해놓기도 합니다. 지원금액 자체가 적다면 더욱더 그렇죠. 오히려 예산이 풍족할 때는 그에 맞는 금액을 제대로 채우지 못할 때도 있습니다. 이러한 부분들은 공모에 익숙한 사람이라면 유연하게 대처할 수 있으나, 공모 자체가 처음인 사람들은 잘 확인해야 합니다.

코로나 시대에 북텐츠라는 작은 단체가 살아남을 수 있었던 데는 지원 사업의 효과가 컸습니다. 지원 사업이 없었다면 사람들이 오프라인 모임 자체를 꺼리는 상황에서 월세를 비롯한 고정비를 처리하는 방법은 사비 말고는 마땅치 않았을 겁니다. 물론 일정 목표가 있으므로 사비로 달렸을지 모르나, 지속할 의지는 자연스럽게 줄어들었을 것 같습니다. 그런 점에서 지원 사업은 가뭄의 단비와 같았습니다. 지원 금액 자체가 수치상 크다고 말할 수는 없으나, 이마저도 없었다면 지금의 이 글도 나올 수 있었을지 모르겠습니다.

지원 사업과 관련하여 한 가지 유의할 점은 '지원'이라는 점입니다. 한 단체가 일정 수준으로 성장하기까지 꾸준히 지원을 받는 곳도 있지만, 그러한 성과를 이루기란 상당히 어렵습니다. 특히 수요 공급의 원리상 문화를 기반으로 하는 단체라면 더욱더 그렇습니다. 지원 사업은 독서모임을 구성하는 데 긍정적 역할을 하지만, 시작이자 계기일 뿐 독서를 지속적으로 활성화하는 궁극적인 방법은 아니라고 여깁니다. 지원은 단체의 외형적 자생력을 키우기 위한 도구로 활용하는 게 좋습니다. 지원이란 달콤한 꿀에 취해 단체를 영위하다 보면 스스로 일어날 힘이 미약해질 수 있습니다. 이미 일정 수준까지 오른 단체들이 지원은 지원일 뿐이라고 끊임없이 강조하는 이유가 아닐까요.

2장

코로나를 넘어
온·오프 융합으로

코로나의 산물
온라인, 최선인가 차선인가?

　2020년은 오프라인을 기반으로 한 단체를 운영하는 사람들에게는 그 어느 해보다 가혹한 한 해였습니다. 사람과의 직접적인 만남을 바탕으로 운영되는 오프라인 특성상 마음 편하게 사람들을 마주하지 못한다는 건 단체의 존폐와 직접적인 상관이 있으니까요.

　코로나19가 본격화되기 전까지 대다수 독서모임은 오프라인을 기반으로 운영했습니다. 카카오톡과 스카이프를 활용한 온라인 독서모임이 존재했지만, 예외에 해당할 만큼 일부에 가까웠죠. 그러나 코로나19 이후 방역을 위한 사회적 거리 두기로 인해 상황은 급반전되었습니다. 독서모임을 처음 접하려 했던 사람들은 오프라인 모임에 관심이 줄었고, 기존에 독서모임을 즐기던 사람들도 오프라인에서 타인과 접촉하길 꺼렸습니다. 오프라인 모임의 시간이 정지해버린 듯했죠.

독서모임은 생존을 위해 변화를 선택해야 했습니다. 다만, 그 변화가 생존으로 이어진다는 보장은 없었죠. 코로나 19가 본격화될 때쯤 각자 독서모임을 운영하는 A, B, C와 이야기를 나눈 적이 있습니다. 저를 포함한 네 명 모두가 그 해 하반기까지는 코로나가 지속되리라 보았죠. 대신 세부 대응은 각자 조금씩 달랐습니다. 저를 포함해 A와 B는 상황을 지켜보되 유연하게 오프라인 모임을 유지하자는 쪽이었습니다. B는 오프라인 모임만이 진정한 독서모임이란 의견을 굽히지 않았죠. B의 독서모임 경력은 10년이 넘었는데, 온라인 모임은 단 한 번도 생각조차 해본 적이 없다고 했죠. 반면에 C는 과감하게 오프라인 모임을 모두 접고 온라인 모임으로 방향을 급선회했습니다. 오프라인 모임만이 '독서모임'은 아니라고 판단한 겁니다. 플랫폼의 성격만 다를 뿐 독서모임의 가치는 변하지 않는다고 보았죠.

2022년 2월을 기준으로 오프라인으로 방향을 잡았던 세 사람은 각자의 방식으로 독서모임을 운영하고 있습니다. 다만 저를 제외한 A와 B에게는 일련의 변화가 생겼죠. 2~4주에 한 번씩 정기적으로 진행하던 모임 일정을 비정기 개념으로 전환했습니다. 두 달에 한 번, 여섯 달에 한 번씩 모이기도 했습니다. 즉 독서모임을 운영하기보다는 독서를 좋아하는 한 사람으로서 독서모임의 명맥만 이어가고 있죠. 독서를 좋아하고, 독서모임이 필요하다고 여기지만, 급격한 환경의 변화 앞에 오프라인 모임을 지속하기란 여간 힘든 게 아니었을 겁니다.

B의 이야기를 들어보니 기존 회원 중에 빈자리가 많아져서 신규 회원을 모집해야 했는데, 오프라인 회원 모집이 쉽지 않았습니다. 모임 바로 전날에 코로나 단계가 상향되거나 확진자와 밀접 접촉자로 분류되어 불참하는 사람들이 빈번했죠. A가 정기적으로 운영하는 모임을 그만해야겠다고 결심한 날도 그랬습니다. 참가자 8명 중에 자신을 제외한 7명 전원이 모임에 불참했죠. 돈이 되는 것도 아닌 데다, 비효율적인 에너지를 소비하는 것도 지쳤기에 내린 결정이었습니다. 자본주의 시대를 살아가는 보통의 상식에 대입한다면 어쩌면 현명한 선택이 아닐까요. 제가 아는 독서모임 중 절반가량이 비슷한 선택을 한 이유였을 겁니다. 불과 2년 만에 자의 반, 타의 반으로 발생한 일입니다.

B와는 달리 A는 중간에 온라인으로 모임을 전환하기도 했습니다. 그런데 기존에 오프라인 모임에서 느끼던 즐거움이 쉽게 느껴지지 않았습니다. 별다른 인건비조차 책정되지 않던 A에게 즐거움이란 가치는 독서모임을 유지하는 유일한 이유였는데 말이죠.

그렇다면 처음부터 온라인 모임으로 전환했던 C는 어

떻게 되었을까요? 결과적으로 반년이 조금 지난 후 모임을 중단했습니다. 처음에는 기존 회원들과 함께 온라인으로 잘 운영했습니다. 그런데 여러 가지 이유로 참가자들이 한두 명씩 나가게 되었고, 빈자리는 쉽게 채워지지 않았죠. 결국 C도 A와 비슷한 이유로 모임을 멀리하게 되었습니다.

코로나 시대에 독서모임을 한다는 것

기나긴 역사 속에서 봤을 때 대부분의 변화는 위기에서 시작되었습니다. 기존에 오프라인 독서모임을 운영하던 사람 중 일부는 C처럼 온라인으로 모임을 전환했습니다. 위기에서 내린 결단이었죠. 책읽는사회문화재단에 따르면 코로나19 이후 사회적 거리 두기와 비대면 문화의 확산에 따라 오프라인 모임은 23.4% 감소했으나, 온라인 또는 온·오프라인 병행은 18.5%, 온라인 모임은 8.8% 증가했습니다. 표본이 351개 동아리지만, 모임 수를 확장한다고 해도 비슷한 수치일 듯합니다.

오프라인 모임에서 온라인 모임으로 전환되는 과정에서 가장 변혁적인 부분은 모임을 시작하는 진입장벽이 확연히 낮아졌다는 것입니다. 월세를 내면서도 별도 공간을 운영하는 리스크를 더 이상 안지 않아도 되는 거죠. 카페, 도서관, 스터디룸을 대여하느라 시간을 들이는 일도, 다과를 무엇으로 준비할까 고민할 필요도 없죠. 가상의 모임 공간은 자신이 원하는 시간대에 언제든 만들 수 있었습니다. 기존에 오프라인 모임을 운영해보지 않은 사람들도 독서모임의 기본적인 진행방식만 익힌다면 못 할 이유가 없었죠. 코로나19가 발생한 후 단 몇 개월 만에 발생한 일이었습니다.

코로나 시대의 초창기에는 온라인 독서모임이 원활히 운영되지 않았습니다. 그러한 데는 많은 사람이 B처럼 온라인 독서모임을 쉽게 받아들일 준비가 되지 않았기 때문일 테죠. 20~30대는 온라인 시스템에 친숙한 편입니다. 학창시절에 인터넷 강의나 회사에서 화상 미팅을 접한 사람이라면 화상으로 상대를 대면하는 상황이 어색하진 않죠. 물론 일방적인 전달 형태로 이루어지는 인터넷 강의와는 달리 독서모임은 쌍방의 대화가 존재해야 했기에 이 부분은 약간의 걸림돌이 될 수 있었죠. 그런데 온라인 문화에 익숙하지 않은 연령대에게는 상당히 큰 문제가 되기도 했습니다. 기기 사용은 물론이고 온라인으로 독서모임을 한다는 개념 자체를 이해하고 받아들이는 데 일정 시간이 필요했으니까요.

온라인 독서모임 자체가 생경하다 보니 모임 운영자에게도 여러 가지 문제가 발생했죠. 그중 한 가지가 모임 참가비였습니다. 온라인은 월세나 공간 사용료가 들어가지 않는 큰 이점이 있으나, 그렇다고 무료로 운영된다고 볼 수 없습니다. 단순히 독서모임으로 인한 기쁨과 성취를 결과물로 삼을 게 아니라면 적어도 시간 대비 인건비는 책정해야 했으니까요. 문제는 기존에 온라인 독서모임이 거의 없다 보니 기준으로 삼을 가격조차 마땅치 않았죠. 온라인 강의 시스템은 오래전부터 일정 가격의 범주가 존재했습니다. 미끼 상품 형태로서 무료 강의도 있었고, 유명 강사가 진행하는 강의는 값이 꽤 비쌌습니다. 그런데 독서모임은 유명 강사가 지식을 전달하는 시스템과는 명백히 차별되니 가격을 높게 책정할 순 없었죠. 다수의 오프라인 독서모임 회당 가격이 1만 원 전후였기 때문에 초창기 온라인 독서모임 참가비는 대개 5,000원 전후로 책정되었습니다. 온라인 모임의 특성상 공간에 따른 인원 제한이 없는 만큼 수입을 만들기 위해 수십 명의 참가자를 받는 모임도 있었습니다. 다만 그러한 모임은 독서모임이 일반적으로 지향하는 바와 일정 거리를 둘 수밖에 없음을 부정하긴 어렵습니다.

사람들이 독서모임에 참가하는 이유의 중심에는 대화가 존재합니다. 대화란 한쪽이 아닌 양쪽에서 이루어지는 소통을 의미하죠. 온라인 모임의 특성상 같은 수의 인원이라도 오프라인보다 말을 적게 할 수밖에 없는 구조인데요,

수십 명이 참가한 자리에서 시간이 제한되어 있으니 자신의 의견을 밖으로 꺼내는 시간은 정말 일부에 불과합니다. 누군가는 말 한 마디 못 하고 모임이 끝날 수 있습니다. 경청도 독서모임에서 일련의 가치가 있지만, 자신의 발언 시간이 적으면 독서모임의 재미를 받아들이기 전에 모임을 멀리할 확률이 높습니다. 오프라인 모임에 익숙한 사람일수록 더욱 그렇습니다.

그러나 목마른 사람이 우물을 파듯이 시간이 지나면서 오프라인 수요자가 온라인으로 자연스럽게 이동하기 시작했습니다. 온라인에서, 혹은 온라인이기에 시스템상으로 아쉬운 부분은 '상황이 상황이니만큼'이란 생각으로 이해하고 넘어가기도 했죠. 삶에는 언제나 최선만이 존재하지 않죠. 차선, 차악을 선택해야 할 때도 있으니까요. 온라인 모임이 점차 늘어가고, 참가자가 모이면서 독서모임도 충분히 온라인에서 가능하다는 분위기가 만들어지기 시작했습니다. 우리가 최신 영화를 보기 위해서 콜라와 팝콘을 사 들고 영화관에 꼭 가지 않아도 되듯이 말이죠.

코로나19가 끝이 난다고 해도 온라인 독서모임은 지속해서 이어질 확률이 높습니다. 오히려 더 활성화될 수 있습니다. 온라인 모임의 장점들이 뚜렷하기 때문이죠. 그중에서도 가장 큰 장점은 인터넷이 되는 지역이라면 전 세계 어디서든 참가가 가능하다는 겁니다. 거주지에 영향을 받을 수밖에 없던 오프라인 모임의 아쉬운 점이 완벽하게 해결되는 순간이죠. 부산에 사는 사람도 KTX를 타지 않고 서울의 유명 모임에 참석할 수 있습니다.

그렇지만 모임 자체의 방향성이 달라진 부분이 아니라면 온라인 모임만을 추구하기보다는 온·오프라인을 병행하는 것을 권장합니다. 아직 우리에게 독서모임은 오프라인 모임이 상대적으로 친숙한 방식이기도 하며, 사람과 사람으로서의 온기를 조금 더 느낄 수 있기 때문입니다.

온라인 모임의 성장
공감과 온기를 끌어올리려면

사람과 사람 간의 관계에서 자연스럽게 만들어지는 '온기'를 온라인 독서모임에서 느끼기란 쉽지 않습니다. 온라인에 익숙한 세대에서도 오프라인을 찾는 이유일 겁니다. 똑같은 목소리와 억양이라도 기계음을 통해서 듣다 보면 감정이 덜 느껴지게 마련입니다. 대화의 범주는 단순히 목소리만 해당하지 않습니다. 상대의 표정, 몸짓, 옷, 그날의 날씨, 공간의 분위기 등 그 순간의 모든 요소가 포함되죠. 사람들이 수화를 몰라도 상대의 목소리가 들리는 이유일 겁니다. 그러다 보니 작은 화면을 통해서 보는 상대의 일부 모습은 그 사람의 생각과 본 모습을 받아들이는 데 일련의 한계가 존재합니다.

그러나 동전에 양면이 있듯, 온라인 독서모임에는 운영상의 큰 이점이 있습니다. 바로 모임 방식의 확장성입니다. 한 공간에 모여 이야기하는 단순한 방식이 아니라 다양한 온라인 플랫폼을 활용하여 모임을 이끌 수 있습니다. 온라인 화상채팅 플랫폼인 줌, 팀스 등을 활용하여 화상 회의처럼 비대면으로 모임이 이루어질 수 있으며, 카카오 톡, 밴드, 소모임 같은 어플을 활용해 실시간 채팅 형식으로 모임을 진행할 수 있습니다. 홈페이지, 블로그 등 온라인 플랫폼에 발문을 올린 후 댓글 형식으로 의견을 이어나 갈 수도 있으며, 소셜 오디오 플랫폼 클럽하우스, 음(mm) 등을 활용해 목소리만으로도 소통이 가능하죠. 사각의 방에 모여 일정한 방식으로 진행되던 모임 형태에 매너리즘을 느끼거나, 사람과 직접 만나 대화하는 게 부담스럽거나, 거주지의 문제로 오프라인 참석이 어려운 사람에게 온라인 독서모임은 충분히 매력적으로 다가올 수 있습니다. 여기서는 그중 주로 활용되는 두 가지 형태에 관하여 이야기해보고자 합니다.

온라인 독서모임의 방식-ZOOM

온라인 화상회의 플랫폼 줌(ZOOM)은 온라인 독서모임의 대표성을 띱니다. 불과 몇 년 전까지만 해도 줌과 같은 도구는 글로벌 기업이 회의 시에 사용하거나, 해외에 있는 지인과 소통하는 도구에 불과했습니다. 그런데 코로나 19 이후 온라인 화상 플랫폼이 학교에서 오프라인 수업 대체용으로 사용되면서 대중화되기 시작했죠. 이미 기업에서는 MS 팀스, 구글 미트와 같은 화상회의 플랫폼을 적잖이 사용했으나, 줌의 간편한 사용방식이 대중에게 빠르게 스며들었죠. 사용 초창기에는 보안 문제로 여러 이슈가 있었으나, 현재 독서모임을 비롯해 대부분 화상 모임은 줌을 적극적으로 활용하고 있습니다.

줌에서의 모임 진행 방식은 큰 틀에서 봤을 때 오프라인과 그다지 차이가 없습니다. 모임 시작 전까지 참가자가 줌에 접속하여, 아이스 브레이킹[3]으로 간단히 서로의 안부를 묻고 모임 내 커리큘럼에 따라 대화를 나누면 되죠. 일정 시간이 되면 모임을 마무리하며 다음 일정에 대한 안내를 진행하면 됩니다.

줌은 모임 내 인원이 3명 이상일 경우 40분 동안 무료로 진행할 수 있습니다. 시간이 지나면 모임방이 사라지지만, 잠시 후 다시 개설할 수 있죠. 즉 장소 사용료가 전혀 들지 않습니다. 정해진 시간 내 방이 사라지지 않게 하려면 줌 홈페이지에서 비용을 지불하면 됩니다. 비용은 월 단위로 결제하면 14.99달러(약 2만 원), 연 단위로 결제하면 월 12.49달러(약 1만 6,000원)입니다. 모임 운영 방향에 맞춰

---

3   새로운 사람을 만났을 때 어색하고 서먹서먹한 분위기를 깨뜨리는 일

결제를 선택하면 됩니다.

　줌을 활용한 독서모임은 크게 두 가지 이점이 있습니다. 먼저, 이미지와 영상 등 시각 자료를 실시간으로 활용할 수 있습니다. 독서모임은 책을 두고 이야기하는 모임이지만, 책의 내용과 관련된 배경지식이 때로는 깊고 다양한 이야기를 나눌 수 있게 하죠. 줌을 개설한 호스트가 자신의 화면을 공유함으로써 참가자에게 시각 자료를 제공할 수 있습니다. 단, 시각 자료가 모임의 흐름을 끊는 역할을 할 수도 있습니다. 그런 점에서 본격적인 이야기를 진행하기 전이나 휴식을 가진 후에 분위기를 환기하는 개념으로 사용하면 좋습니다.

　다음으로 첫 참가자의 부담을 줄일 수 있습니다. 모임 내 한정된 시간 때문에 참가자 모두가 자신이 원하는 만큼 발언하긴 어렵습니다. 모임에 몇 번 참석한 사람이라면 스스로 발언 시간을 조절하며 말하기도 하지만, 모임 자체에 익숙하지 않다면 타인에게 자기 의견을 내뱉는 행위조차 어색할 수밖에 없죠. 책을 읽고 느낀 수많은 생각과 감정을 생전 처음 보는 사람들에게 꺼내기란 쉬운 일은 아니니까요. 특히 상대의 눈을 마주 보고 말하는 건 더욱 부담되기도 하죠. 독서모임의 첫 발걸음을 줌으로 시작한 사람들에게 모임의 감상을 물었을 때 생각보다 많은 사람이 온라인이라서 부담이 덜했다고 답했습니다. 그러한 이유로 사람의 눈이 아닌 화면에 담긴 자기 모습을 보고 편하게 이야기했다고 말했습니다.

이 밖에 시간을 아낄 수 있다는 이점도 있습니다. 인터넷이 되는 곳이라면 어느 곳에서든 모임 참가가 가능하죠. 집에서 한다면 외출을 준비하는 시간 동안 책을 한 번이라도 더 읽을 수 있고, 잠시 눈이라도 붙일 수 있습니다. 모임에 조금 더 집중할 수 있는 환경이 만들어지게 되죠. 한 참가자는 왕복 2시간 동안 운전을 안 하는 것만으로도 감사한 일이라고 했습니다.

줌 독서모임의 오해 한 가지를 풀려고 합니다. 사람들이 온라인 독서모임을 선호하지 않는 이유 중 한 가지는 오프라인보다 상대의 말과 행동에 감정 이입이 상대적으로 덜 된다고 여기기 때문입니다. 독서모임은 단순히 책의 내용을 이야기하는 자리가 아니라 책을 매개로 서로의 생각과 감정을 교류하는 자리입니다. 책의 단어와 문장 그리고 인물의 서사에 따라 달라지는 사람들의 수많은 감정을 받아들이고 이해하죠. 가끔은 상대의 슬픔까지도요. 그 과정에서 관점의 다양성을 인정하고, 더 나아가 스스로 성찰하는 단계에 이르기도 하죠. 그런데 앞서 이야기했듯 오프라인과 온라인의 대화는 플랫폼 형태상 차이가 날 수밖에 없습니다. 그렇기에 온라인을 통해서 이야기를 꺼내는 상대의 감정에 직접적으로 공감하기 어려운 것도 사실에 가깝습니다.

그러나 '상대적'일 뿐 온라인에서도 공감은 언제든 이뤄집니다. 공감에서 우선으로 이뤄지는 관계는 '나-나'입니다. 책에서 발견한 나와 현실에서 이야기하는 나의 간격에서 감정의 줄다리기를 하죠. 결국 그 간격에서 발현된 공감은 온·오프라인의 차이를 크게 두지 않습니다. 책에서 발견한 나의 감정이 바깥의 나에게 잘 전이된다면 기쁨과 슬픔이 뒤섞인 눈물을 꺼내기도 합니다. 진솔한 감정은 화면을 타고 넘어 상대에게 온전히 전달될 수 있습니다. 모임을 진행하던 도중 한 사람이 건네는 목소리의 떨림만으로 모임 참가자 모두가 눈물을 흘린 적도 있습니다.

그런데 이러한 데는 한 가지 전제가 필요합니다. 상대의 감정을 잘 전달받도록 모임에 집중해야 하죠. 온라인에서 상대의 의견에 공감이 쉽지 않은 이유는 사각 화면을 바라보며 집중의 정도를 유지하는 게 오프라인보다 쉽지 않기 때문일 겁니다. 어쩌면 그러한 행위 자체에 익숙하지 않아서일지도 모릅니다. 온라인 활용과 일정 거리를 두던 세대라면 1시간 이상 전자파를 뚫고 모니터 화면을 보고 있는 것만으로도 쉽지 않은 일입니다.

온라인 독서모임의 방식-카카오톡

카카오톡은 전 국민 대다수가 사용하는 온라인 플랫폼으로 온라인 독서모임에서 활용도가 높습니다. 책읽는사회문화재단에 따르면 온라인 독서모임에서 줌보다 카카오톡의 활용이 더 활발하다고도 이야기했습니다. 카카오톡을 활용하여 여러 가지 방식으로 독서모임을 진행할 수 있는데요. 가장 효과적인 방식은 일일 독서입니다.

사람들이 독서모임을 하는 이유 중 한 가지로 평소에 접근하기 힘든 책을 읽을 기회가 생기는 것인데요. 그중에서도 흔히 말하는 벽돌책은 독서 습관이 되어 있지 않다면 완독하기 어렵죠. 300페이지만 넘어도 분량이 두껍다고 느끼니까요. 그래도 두꺼운 책을 읽어야 하는 데는 여러 가지 이유가 있습니다. 일반적으로 벽돌책이라 말하는 책은 여러 의미에서 좋은 책일 확률이 높습니다. 그런데 아무리 노력해도 쉽지 않죠. 제가 아는 벽돌책을 가장 효율적으로 읽는 방법은 공독(共讀), 즉 함께 읽기입니다. 카카오톡을 활용하면 두꺼운 책을 비롯해 평소에 읽고 싶었지만 읽기 힘든 책들을 상대적으로 쉽게 읽어나갈 수 있습니다.

한 권의 책이 선정되면 함께 읽을 사람들을 모집합니다. 책의 두께나 목차에 따라 2~4주 정도의 기간을 잡은 후 매일 일정 분량을 읽어낸다는 목표를 두고 일자별 분량을 나눕니다. 매일이 부담스러우면 주말과 공휴일은 제외해도 괜찮습니다. 하루에 정해진 분량을 읽으면 그에 대한 인증을 카카오톡 오픈톡에 올립니다. 인증 방식은, 책에서 좋아하는 문장을 사진으로 찍어도 되고, 읽은 범위 내에서 중요한 문장을 바탕으로 자기 생각을 글로 적어도 좋습니다. 모든 참가자가 참석할 수 있는 시간을 정해서 함께 댓글도 달며 공유하면 좋습니다. 의견을 올리기만 하면 단순히 제출하는 느낌만 들기 때문이죠.

모임의 지향점이 완독이라면 완독률을 높이기 위해 미션 형식으로 모임을 이끄는 것을 권장합니다. 예를 들어 총 20일 중 일정 횟수 이상 미션 달성 시 참가비 중 일부를 환급하거나 소정의 상품을 지급하는 형태죠. 그동안의 경험을 봤을 때 인증 미션의 유무는 완독률에 꽤 큰 차이를 발생시켰습니다. 모임 효과를 더 높이려면 마지막 날에 줌을 활용하거나 직접 만나서 독서모임을 진행하면 좋습니다. 카카오톡에서 이미 쓰고 읽었던 이야기들일지라도 책의 색다른 매력을 발견할 수 있죠.

이 밖에도 오프라인 독서모임을 카카오톡에서 진행하는 개념으로 접근해도 좋습니다. 대신 채팅의 특성상 겹치는 부분이 지속 발생할 수 있기에 모임 진행자가 전체적인 진행 순서를 공지하고, 시간을 분배하여 발언권을 주는 역할이 이뤄져야 하죠. 가능하면 메시지 옆에 숫자가 사라져 사람들이 다 읽을 때까지 충분히 기다린 후 다음 발문으로 넘어가는 게 좋습니다. 다른 사람의 의견에 답글을 하고 싶으면 상대 글을 클릭하여 댓글을 활용하는 방식으로 글을 남기면 흐름상 가독성을 놓치지 않을 수 있습니다.

라이브톡을 활용해도 괜찮습니다. 인스타 라이브와 비슷한 방식으로 진행자가 실시간으로 진행하는 영상을 사람들이 함께 시청하고 채팅으로 소통할 수 있습니다. 이러한 방식들은 참가자의 특성에 따라 네이버 밴드, 소모임을 활용해도 괜찮습니다. 밴드는 일일미션을 체크할 수 있다는 이점이 있으며, 비디오콜, 그룹콜 등을 활용하여 화상 및 음성 대화가 가능합니다.

변수에 대한 대응
모임의 흐름, 결을 잇는 섬세함

코로나19로 인해 온라인 독서모임이 본격적으로 활성화되기 시작했습니다. 현재는 오프라인만큼이나 많은 온라인 독서모임을 발견할 수 있죠. 사람은 익숙함과 편리함에 길들여지는 존재입니다. 코로나 시대가 언젠가 막을 내려 오프라인 모임이 다시 활성화되어도 온라인 모임은 각자의 결을 유지하며 지속될 가능성이 큽니다.

그런데 현재 이루어지는 온라인 독서모임의 질이 우수하다고 말하기는 어렵습니다. 온라인 독서모임의 등장은 온라인의 특별한 장점을 내세워서라기보다는 오프라인으로 모임을 진행하기 어려워 급하게 나타난 대체재의 역할이 강하니까요. 온라인만의 고유성을 드러내는 온전한 시스템을 갖췄다기보다는 임시방편 역할을 하고 있다고 보는 게 적절합니다. 완벽해 보이는 시스템에도 보이지 않는 빈틈이 존재하듯, 임시로 주어진 부분에는 보이는 빈틈이 있을 수밖에 없습니다. 따라서 온라인 독서모임의 점진적인 발전을 위해서는 빈틈을 빠르게 파악 후 개선할 수 있는 방향으로 이어져야 합니다.

온라인 독서모임의 대표격으로 볼 수 있는 줌을 기준으로 이야기를 풀어보겠습니다. 앞서 오프라인 모임에서 온라인 모임으로 전환했던 C가 기억나시나요? 다른 독서모임 운영자와는 달리 빠르고 유연하게 온라인 모임으로 방향을 전환했죠. 그러나 앞서 말씀드렸듯 C도 결과적으로 독서모임의 명맥만 이어갈 뿐, 모임을 지속해서 운영한다고 말하긴 어렵습니다.

처음에는 기존에 오프라인으로 참석하던 사람들이 온라인으로 자연스럽게 이동했습니다. 독서모임이 고픈 사람들에게 온·오프라인의 경계는 그다지 중요하지 않았습니다. 독서모임의 큰 틀은 변하지 않았으니까요. 그런데 시간이 지날수록 균열이 발생했습니다. 처음에는 줌 시스템의 오류가 문제였습니다. 참가자 평균 나이대가 40대 이상인 만큼 온라인 시스템에 익숙하지 않은 사람들이었습니다. 줌에 접속하는 것조차 문제가 발생했죠. 접속에 각각의 문제가 일어나 정시에 참여한 인원은 절반도 안 되었습니다. C는 40분이 한 타임인 무료 프로그램을 사용했는데요. 사람들이 줌에 접속했을 때는 이미 상당한 시간이 흘렀고, 새로운 방을 만들어야 했습니다. 그러나 또다시 접속 문제로 몇 명은 들어오지 못했죠. 결국 2시간 동안 책을 읽고 느낀 감상 정도만 이야기를 나누고 모임이 마무리되었습니다.

C는 같은 문제가 재발하지 않도록 참가자들에게 미리 접속 방법을 안내했습니다. 자신도 온라인에 익숙하지 않았으나, 모임이 원활히 돌아가도록 노력했습니다. 참가자들에게 별도의 비용을 받지 않고 1년 유료 결제도 진행했습니다. 비록 정시보다 10~20분 정도 지나서야 모임이 본격적으로 진행되었으나, 코로나 시대에도 독서모임을 원하는 사람들에게 그 정도의 장애물쯤은 못 넘을 높이가 아니었습니다. 그런데 인터넷 접속에 문제가 생기면 방이 사라지거나 해당 참가자가 사라지는 등의 장애물이 지속해서 발생합니다.

모임의 흐름이 중요한 이유

모임에는 흐름이 존재합니다. 모임이 유연하게 진행되어 일정 목표치까지 잘 도달할 수 있도록 도와주는 윤활유와 같죠. 그런데 접속 문제는 모임의 흐름을 끊는다는 치명적인 단점을 불러옵니다. 물론 오프라인에도 몇몇 변수로 인해 흐름이 끊길 수 있지만, 온라인은 오프라인보다 흐름의 영향을 크게 받습니다. 정확히는 끊긴 흐름을 다시 회복하는 데 더 많은 시간과 에너지가 필요하죠. 오프라인에서는 진행자의 역량과 참가자들의 성향에 따라 끊긴 흐름도 빠르게 회복할 수 있습니다. 진행자의 이야기에 빠른 대답, 웃음, 미소 등의 리액션을 해주는 참가자가 있다면 어색한 분위기가 더 빨리 풀리게 되죠. 중간에 휴식을 가져도 참가자들끼리 가벼운 대화를 통해 전체적인 흐름을 유지할 수 있습니다.

반면 온라인에서는 진행자의 역량이 평소보다 더 작게 드러날 수밖에 없습니다. 참가자만큼이나 진행자조차 온라인 모임에 익숙하지 않기 때문이죠. 참가자의 리액션은 오히려 예상치 못한 소음으로 이어질 수 있습니다. 모임 특성에 따라 다르지만 발언하지 않는 사람은 일반적으로 음소거를 유지합니다. 누군가 발언할 때 혹여나 자기 주변에서 발생한 소음이 대화의 흐름을 끊을 수 있죠. 카페 옆자리에서 발생하는 사람들의 대화, TV 소리, 반려동물 짖는 소리, 아기가 칭얼대는 소리 등은 웃음을 유발하기도 하지만, 모임 흐름을 끊을 때가 많습니다. 대신 모임을 개설한 사람이 직접 음소거를 조절할 수 있는 만큼 사전에 참가자들에게 안내가 될 필요가 있습니다. 잘못하면 오해 아닌 오해를 불러올 수 있죠. 휴식 시간에는 대부분 화면과 소리를 끈 채 자리를 이탈하기에 흐름 자체가 강제적으로 끊기게 됩니다.

오프라인이건 온라인이건 상대의 발언 도중에 끼어들어 자기 발언을 하는 것은 실례로 볼 수 있습니다. 의도적으로 반복하여 상대 발언을 해칠 때는 진행자의 역량으로 제재할 필요가 있죠. 그런데 다른 사람의 발언이 끝난 뒤 자연스럽게 이어서 자기 의견을 이야기하는 과정은 토론의 묘미로 볼 수 있습니다. 누군가와의 발언이 겹치기도 하지만, 이러한 상황에 어떻게 대처하는지도 대화의 기법으로 볼 수 있죠. 그럴 때는 미묘한 긴장감마저 돌게 됩니다. 온라인은 이러한 과정이 오프라인보다 딱딱하게 다가올 수밖에 없습니다. 온라인에서 발생하는 동시의 부딪힘은 화음이 아닌 소음으로 여길 때가 많아, 화면을 통해 손을 들거나 손 모양의 이모티콘을 눌러 진행자에게 발언 의사를 전하면 발언권이 주어지는데요, 더는 온라인 모임에 참여를 원하지 않는 사람들은 이러한 부분 때문에 대화가 아닌 '발표'라는 생각이 강하게 들어 독서모임의 재미를 느끼지 못했다고 입을 모아 이야기합니다.

결국 이러한 문제들이 지속 발생하면서 참가자들은 C에게 한 가지 의문을 던집니다. 모임의 질에 비해 가격이 저렴하지 않다는 것이죠. 온라인은 별도의 공간 사용료가 발생하지 않는다는 점에서 기존의 오프라인 가격보다 낮췄지만, 참가자들은 그 가격도 마음에 들지 않았던 모양입니다. 결국 참가자들은 모임의 질과 가격 문제로 하나둘 떠나게 되었고, C도 자연스럽게 모임을 중단하게 되었습니다.

이러한 부분들은 제가 모임을 진행하고 참가하면서도 수없이 체감한 부분이며, 주변에서도 심심치 않게 들었던 이야기입니다. 온라인 모임은 이점만큼이나 예상외로 변수가 많다는 불안 요소가 있습니다. 한 예로 온라인 모임을 선호하지 않는 이유로 상대적 박탈감도 존재합니다. 줌의 특성상 카메라는 자신이 앉은 공간의 배경이 담깁니다. 줌은 배경화면을 바꿀 수 있는 기능이 있지만, 대부분 참가자의 집이 드러나는데요. 거대한 서재가 나오거나 고급스러운 집 구조가 보이기도 하죠. 그 순간 뜻하지 않게 자신이 머문 공간과 상대의 공간을 비교하게 됩니다. 현대 사회에서 '집의 공간'은 대부분 재력 혹은 사회적 위치와 깊은 연관이 있으니까요. 설마 하시겠지만, 실제로 발생하는 일입니다.

물론 온라인만큼이나 오프라인 모임도 문제를 야기하는 부분이 많습니다. 오히려 온라인보다 더 드러나는 부분이 많을 겁니다. 그런데 중요한 건 온·오프라인을 떠나 부족한 부분을 빠르게 파악하여 더 나은 모습으로 개선할 노력이 필요하다는 것입니다. 화상회의 시스템에 대한 기술적 정비 부분은 개인의 노력으로 어쩔 수 없는 부분입니다. 다만, 온라인 모임에서 활성화할 수 있는 콘텐츠 개발을 비롯해 모임의 원활한 진행을 위한 방안은 필요합니다.

모임 진행자는 적어도 온라인 모임을 한 번이라도 더 해보는 노력을 해야 합니다. 모임 전에 참가자에게 온라인 활용 방법에 대한 간단한 안내 및 교육이 있으면 좋습니다. 별도의 진행방법을 공부하면 큰 도움이 될 수 있으며, 시각 자료를 활용할 것이라면 모임 전에 미리 준비를 완료해야 합니다. 참가자도 접속 전에 테스트를 통해 접속 문제를 최대한 예방하는 노력이 필요하며, 주위의 소음을 사전에 차단해야 합니다. 운영자와 참가자가 소통하고 협업하여 작은 틈을 하나씩 메우다 보면 온라인 모임의 단점은 해소되고 이점은 더욱더 두드러질 수 있습니다.

독서모임의 질, 글쓰기
무수한 상념과 망각의 점 잇기

독서는 단순히 읽는 행위에서 끝나지 않고 쓰는 행위로 이어져야 합니다. 읽기, 말하기, 듣기, 쓰기의 형태가 자연스럽게 순환되는 과정에서 독서의 온전한 가치를 손에 쥘 수 있습니다. 책을 읽는 행위를 독서의 전부라 여긴다면 독서가 주는 가치의 절반만 손에 쥐게 될지도 모릅니다. 각자의 귀중한 시간을 들여 책을 읽는 만큼 이왕이면 독서의 효과를 조금이라도 더 가져가는 게 좋지 않을까요.

한글과 일정 문법만 안다면 누구나 할 수 있는 게 글쓰기지만, 아무나 할 수 없는 게 글쓰기이기도 합니다. 전문 작가를 할 것도 아닌데 글을 꼭 써야 할까 생각할지도 모릅니다. 저도 불과 몇 년 전까지만 해도 비슷한 생각을 했으니까요. 지금은 글을 쓰는 한 사람으로서 확신을 가지고 말할 수 있습니다. 독서가 진정한 가치를 발하는 순간은 글쓰기에서 파생되는 것을요.

한 권의 책을 읽으면 수많은 생각과 감정이 점처럼 허공에 떠다닙니다. 흔히 말하는 좋은 책일수록 더 많은 생각과 감정이 떠오르게 되죠. 허공에 떠다니는 무수한 점이 우리의 삶에 긍정적으로 반영되는 것, 그것이 책이 주는 삶의 가치가 아닐까 합니다. 그런데 순간의 확산이 오랫동안 지속되기란 쉽지 않습니다. 인간은 망각하는 존재이니까요. 글쓰기는 무작위로 넓게 펼쳐진 수많은 점을 하나의 선 위로 나열시키는 역할을 합니다. 점과 점이 모여 하나의 선을 만듭니다. 그렇게 만들어진 선들은 서로의 꼬리를 물 듯이 이어지기도 하며, 하얀 종이 위에 그인 선 위로 똑같은 선을 긋듯 선의 색이 진해지기도 합니다. 언젠가는 망각의 영역에 속할 그 순간의 생각과 감정을 최대한 응축시키거나 연장하도록 돕죠. 놀라운 한 가지는 선 위에서 또 다른 점이 만들어진다는 것입니다. 그 점 또한 우리의 삶에 긍정적인 요소로 반영될 확률이 높습니다. 우리가 독서모임에서 글쓰기를 해야 하는 중요한 이유입니다.

글쓰기 모임 운영하기

글쓰기는 독서모임의 질을 결정하는 중요한 요소입니다. 한 단계 더 나은 독서모임을 위해서 글쓰기는 필수에 가깝습니다. 독서모임을 선택할 때 글을 활용하는 부분이 있는지 잘 살펴볼 필요가 있습니다. 모임 커리큘럼에 글쓰기가 접목되어 있다면 분명 운영자가 모임의 폭을 넓히면서도 깊이를 더하려는 노력의 방증으로 볼 수 있습니다. 개별 글쓰기 모임이 아니더라도 괜찮습니다. 독서모임에서 쓰기는 다양하게 적용될 수 있으니까요.

기존의 독서모임에서 글쓰기 모임이 쉽게 보이지 않는 이유는 그 모임을 진행할 사람이 마땅치 않아서일 겁니다. 글쓰기 모임을 운영하려면 '어느 정도' 글을 보고, 쓰는 역량이 필요합니다. 책을 좋아하는 사람이 글을 보는 능력은 탁월할 수 있으나, 쓰는 행위까진 단언하기 어렵습니다. 그렇다고 글을 업으로 삼는 사람만이 글쓰기 모임을 운영하는 것은 아닙니다. 그러나 적어도 글을 꾸준히 써야 합니다. 글쓰기 모임을 운영하는 사람의 최우선 조건입니다.

독서를 갓 시작한 사람도 글쓰기 모임을 시작할 수 있습니다. 평가의 개념이 아닌 글을 쓰는 행위 그 자체를 누군가와 함께하는 것만으로도 참가자들은 일련의 만족도가 채워질 수 있죠. 맞춤법이 틀리고 비문이 많은 글이어도 괜찮아 보입니다. 한 공간에서 함께 글을 쓰고 이야기 나누는 것만으로도 서로가 대단한 일을 하고 있으니까요.

그런데 운영자건 참가자건 일반적으로 진입장벽을 논할 때 독서모임보다 글쓰기 모임이 더 높습니다. 쓰는 행위

그 자체도 좋지만, 어렵게 진입한 만큼 무언가를 손에 쥐길 원하죠. 글쓰기 모임 운영자는 참가자의 글을 세상 밖으로 꺼낼 수 있는 용기를 건네야 합니다. 우리가 왜 글을 써야 하는지, A4 한 페이지의 글이 각자의 삶에 어떠한 변화를 줄 수 있는지에 관한 이야기를 건네야 하죠. 만약 자신도 글을 쓰는 이유가 명확하지 않다면 통상적으로 귀찮고 지루한 행위로 여기는 글쓰기를 타인에게 권하기란 쉽지 않습니다.

게다가 시간이 지날수록 자기 글에 욕심이 더해집니다. 명문은 아닐지라도 처음 시작했을 때보다는 조금 더 나은 글을 쓰길 원하는 게 평범한 사람의 마음이죠. 참가비가 비쌀수록 목표에 대한 기대치가 높아질 수밖에 없습니다. 모임 운영자가 타인의 글을 피드백할 수 있는 눈을 가져야 하는 이유입니다. 합평처럼 글을 하나하나 분석해가며 전문적으로 논하진 않더라도, 단순 소감 이상의 그 무언가를 전달하는 과정이 필요하죠. 참가자는 단순히 '좋다', '싫다' 정도의 소감을 듣길 원하지 않습니다. 오히려 모임에 대한 무언의 기대치를 아래로 끌어내리는 역할을 합니다. 책을 읽고 논하는 감상과 보통의 사람이 쓴 글을 읽고 논하는 감상은 결 자체가 다를 수밖에 없습니다. 시중에 나와 있는 책들은 일련의 퇴고를 거친 완성된 문장이지만, 모임에서 만나는 글은 상대적으로 날것에 가깝죠. 오히려 더 복잡하고 오묘하죠. 감상을 넘어 간단하면서도 명확한 피드백을 건네기 위해서는 일련의 글쓰기 경험이 필요한 이유입니다.

이러한 이유로 글쓰기 모임을 직접 운영하기 힘들다면, 외부에서 전문적으로 글을 업으로 삼는 사람을 유입해 모임을 마련할 수 있습니다. 참가자의 글쓰기 용기를 불러일으키면서도 일련의 피드백을 전하여 참가자의 기대치를 만족시킬 확률을 높이죠. 대신 진행자 인건비를 지급하기 위해서라도 참가비는 자연스럽게 올라갈 수밖에 없습니다. 일반적인 독서모임보다 글쓰기 모임의 진행자 비용 및 모임 참가비가 비싼 이유입니다. 수입을 위해 참가자 수를 늘려도 되지만, 글쓰기 모임 특성상 모임의 질이 떨어질 확률이 높습니다.

글쓰기 활용하는 법

평소에 글쓰기를 하지 않는 데다, 글쓰기 모임을 이끌어줄 사람이 주위에 없다면 독서모임에서 글쓰기를 배제해야 할까요? 독서모임에서 개별 글쓰기 모임만큼이나 중요한 것은 '쓰는 행위'입니다. 씀의 본질을 온전히 살릴 좋은 방법이 있습니다. 별도의 전문 호스트도 필요 없습니다. 대신 참가자들이 왜 글을 써야 하는지에 대한 안내가 필요합니다. 독서모임에서 쓰는 행위를 납득하지 못하는 사람도 존재하기 때문이죠.

북텐츠는 모임 이틀 전까지 참가자들에게 독서감상문 형식의 글쓰기를 홈페이지에 작성하도록 요청합니다. 분량은 100자 이상이며, 별도의 양식은 없습니다. 책을 읽고 느낀 부분에 대한 감상을 그저 써 내려가면 됩니다. 유료 독서모임 형태를 띠는 단체에서 흔히 볼 수 있는 방식입니다.

참가자 입장에서는 독서감상문을 작성함으로써 읽은 부분을 다시 한번 상기할 수 있습니다. 책을 읽고 느낀 복잡한 감정을 짧게나마 스스로 정리할 시간을 가지는 겁니다. 방대하게 퍼진 점들을 한 줄의 선으로 모으는 작업이죠. 만약 오래전에 책을 읽었다면 간단한 감상을 적기 위해서라도 책을 다시 펼침으로써 자연스럽게 재독이 이루어집니다. 재독은 책을 더 깊이 받아들인다는 점에서 자신을 비롯해 모임에 긍정적인 영향을 미칠 수밖에 없습니다.

또 독서감상문을 남기기 위해서라도 기한 내에 책을 읽어야 하기에 독서에 대한 동기로 이어질 수 있습니다. 완독은 참석에 대한 최소한의 예의로 볼 수 있습니다. 모임 시 참가자들의 완독 유무에 따라 모임의 질은 완전히 달라집니다. 책을 다 읽지 않아도 인터넷 리뷰를 통해 간단한 감상을 작성할 수 있습니다. 그런데 그간의 경험상 완독하지 않앉어도 독서감상문을 대충이라도 쓴 사람은 남은 기간 동안 책을 다 읽고 참가할 때가 많았습니다.

운영자 입장에서는 별다른 노력 없이도 모임의 질을 높이는 요소를 안정적으로 유지할 수 있을 뿐 아니라 참가자의 참석 유무를 미리 확인할 수 있습니다. 모임에는 일정 준비가 필요하며, 준비에는 참가 인원이 중요한 역할을 합니다. 인원수에 따라 모임의 전체 틀은 바뀌지 않아도 흐름은 바뀌기 때문이죠. 진행자의 역량에 따라 인원수와 상관없이 유연하게 모임을 진행할 수 있지만, 그렇지 못한 경우도 많습니다. 특히 사람들이 모두 참석하는 전제로 모임을 준비했는데, 당일에 다수가 불참하면 그것만큼 힘이 빠지는 경우가 없습니다.

북텐츠를 시작할 때 독서감상문 시스템을 비롯해 글쓰기 모임 운영에 일정 이상의 에너지를 쏟았습니다. 시중에 글쓰기 모임을 전문적으로 운영하는 단체가 많지 않았기에, 독서모임 후발 주자로서 타 모임과의 차별화를 위한 선택이기도 했습니다. 시즌 내 운영되는 전체 모임 중 절반이 글쓰기 관련 모임인 적도 있었습니다. 최소 인원이 부족하여 취소되는 독서모임은 늘어나지만, 독서모임보다 조금 더 비싼 글쓰기 모임에는 늘 사람이 많았죠. 그러다 보니 어느 순간 글쓰기 모임은 북텐츠라는 독서모임 단체의 정체성으로도 이어졌습니다.

글쓰기 모임의 특성상 오프라인과 온라인에 일정 격차가 존재합니다. 온라인으로도 다양한 방식의 모임을 재미있게 할 수 있지만, 아직은 오프라인에서 글쓰기 효과가 조금 더 발휘할 수 있다고 봅니다. 코로나 시대에 글쓰기 모임을 운영하기란 쉽지 않습니다. 그럼에도 독서모임의 생존과 성장을 위해서는 글쓰기가 필연적으로 이어져야 합니다.

다양한 토론 모형
토론, 토의, 수다의 순화, 확장 과정

    독서모임이 책을 기반으로 한다면 일정 형식에 얽매지 않고 다양한 형태로 모임 진행이 가능합니다. 그런데 시중에 독서모임이라 하면 '독서 토론'으로 한정되어 인식되는 경우가 많습니다. 문제는 '토론'이 그다지 긍정적인 이미지가 아니라는 점이죠. 대부분 토론의 개념을 경쟁식 토론으로 대부분 받아들이기 때문일 겁니다. 토론은 타인의 의견에 공감하면서도 자기 의견을 펼쳐 상대를 설득하는 단순한 과정입니다. 하지만 실제 현장에서는 올림픽에서 메달을 획득하기 위해 치열하게 경쟁하듯 격정적인 모습을 보이기도 하고, 더 나아가 스스로 화를 주체하지 못해 상대에게 폭언을 내뱉기도 합니다.

    대표적으로 토론을 대중화시킨 TV 프로그램인 〈100분 토론〉을 들 수 있습니다. 하나의 주제를 두고 의견이 대립하는 두 참가자가 대화를 나누는 프로그램인데요. 프로그램의 의도는 '고정관념을 깨뜨리는 대담하고 젊은 토론을 지향한다.'입니다. 의견을 나누기 좋은 주제를 바탕으로 그와 관련된 전문가들이 나와서 의견을 나누는 과정을 지켜보면 대화의 기술과 방대한 지식에 감탄이 절로 나오기도 하죠. 그러나 유기농 음식을 열 번 먹은 것보다 맵고 짠 자극적인 음식 한 번 먹은 것이 더 기억에 남듯이 그렇지 않은 몇몇 경우가 사람들에게 토론에 관한 부정적인 인식을 심어줬을 겁니다. 객관적인 자료에 기반을 둔 주장보다는 소위 '뇌피셜'로 불리는 철저히 주관적인 근거로 자신의 의견을 뒷받침하고, 상대 의견은 경청하지 않으면서 핏대 세우며 자기 의견만 내세우기도 하죠. 프로그램의 목적에 따라 '대담'하다고 여길지는 모르나, '성숙'한 토론과는 꽤 거리가 멉니다. 중간에 진행자가 원활한 토론이 이어지도록 노력하지만, 한번 불붙은 토론은 꺼질 기미가 보이지 않죠. 누군가는 화끈한 맛을 좋아할지도 모르나, 다수는 눈살이 찌푸려지는 게 사실입니다. 자연스럽게 '토론=부정적 분위기'라는 고정관념을 쌓게 만들죠. 과거보다는 덜하지만 경쟁식 토론의 관점이 팽배한 지금의 환경에서 독서모임이 올바른 방향을 찾기 위해서는 독서모임의 방식에 대해서 조금 이해하고 넘어가야 할 필요가 있습니다.

독서모임의 방식에 대한 이해

독서모임은 성격과 의미에 따라 토론, 토의, 수다의 형태를 띕니다. 운영자의 방침에 따라 한 가지 형태에 집중할 수 있으며, 세 가지가 복합적으로 이루어지기도 하죠.

토론(debate)은 어떤 문제에 대하여 여러 사람이 각각 의견을 말하며 논의하는 형태입니다. 하나의 주제에 대립하는 사람들이 서로를 설득하는 말하기 과정이죠. 대표적인 형태가 찬반 토론인데요, 찬반 토론의 가장 큰 매력은 자신과 반대 입장을 표명하는 사람의 주장에 혼란이 오도록 만드는 겁니다. 상대가 자신이 원하는 결과에 닿게 하려면 상대의 말을 집중해서 경청해야 하며, 상대를 설득시킬 만큼 자기 의견의 근거를 탄탄히 만들어야 하죠. 다만, 종종 민감성을 띤 주제를 논하는 책이나 발문을 두고 토론할 때는 분위기가 과열되기도 합니다.

토의(discussion)는 어떤 문제에 대하여 검토하고 협의하는 형태를 말합니다. 토론을 경쟁식의 대표라고 한다면 토의는 비경쟁식의 대표라고 할 수 있습니다. 토론처럼 찬반의 개념이 아닌 협의하여 더 좋은 결과물을 창출하는 과정으로 볼 수 있죠. 상대 의견에 반박하여 이어지는 대화가 아니므로 토론보다 분위기가 조금 더 편안합니다. 교육에서의 독서 토론과 독서모임에서의 독서 토론은 개념을 조금 달리 볼 필요가 있는데요, 독서모임에서 일반적으로 이야기하는 독서 토론이 책을 매개로 상호 교류하며 다양한 의견을 주고받는 과정이라면 토론보다 토의의 개념에 가깝습니다. 독서 토론이 영어로 reading discussion인 이유이기도 합니다. 일반적으로 독서 토론이 찬반 토론으로 인지되는 이유는 독서 토론의 명확한 개념과 방식이 올바르게 정립되지 않았으며, 독서 토론의 의미를 토론 그 자체의 의미로 획일화한 데 있습니다.

수다(chat)는 일상에서 친구와 이야기 나누듯 책을 읽고 느낀 자기 감상을 즐겁고 편하게 나누는 형태입니다. 토의와 마찬가지로 비경쟁식의 한 면으로 볼 수 있죠. 같은 취향을 가진 사람과는 별다른 주제 없이 수다를 떨어도 화기애애하고 즐겁습니다. 모임의 분위기가 긴장되거나 어색할수록 수다는 분위기를 경쾌하고 편안하게 만들어줍니다. 모임이 처음인 사람이라도 자연스럽게 이야기가 나올 환경이 만들어지죠. 다만, 과한 수다는 독서모임의 매너리즘을 만드는 주요인이 됩니다. 배를 타고 강과 바다를 항해하다가 산을 향해 노를 젓는 것이죠. 수다는 토론·토의와는 달리 책을 읽고 오지 않아도 충분히 가능한 영역입니다. 책에 관한 대화의 깊이를 원하는 사람은 그다지 선호하지 않는 방식이 될 수밖에 없습니다. 일정 금액을 들였다면 더욱더 그러할 테죠. 처음에는 일상의 환기 관점에서 모임을 색다르게 여길 수 있으나, 모임에서 수다가 익숙할 때쯤 비용과 시간에 대한 기회비용이 머리에 맴돕니다. 결국은 모임을 떠나는 선택을 하게 되죠.

이상적인 성인 독서모임은 토론, 토의, 수다의 형태가 자연스럽게 순환되는 과정으로 볼 수 있습니다. 가볍게 수다로 시작하여, 발문에 따라 토론·토의를 거쳐 토의로 마무리하는 과정입니다. 찬반의 논쟁을 넘어서 책을 기반으로 서로의 의견을 더해가며 더 넓고 깊은 해석으로 이어지는 상호협력적 대화로 봐야 합니다. 〈100분 토론〉에서 추구하는 토론과 일반적인 성인 독서모임에서 추구하는 토론의 개념은 다르게 봐야 합니다. 둘의 접점은 분명 존재하지만, 동일하게 받아들여서는 안 됩니다.

현실이 이상이 되려면

현실과 이상에는 언제나 일정 거리가 존재하지만, 그렇다고 그저 이상을 바라만 볼 수는 없겠죠. 현실이 이상이 되려면 참가자들에게 생각할 거리를 많이 만드는 좋은 도서, 토론·토의에 어울리는 좋은 발문, 수다와 독서 토론의 경계를 잘 판단하여 적절하게 조절하는 진행자, 타인의 의견을 경청하고 자기 발언 시간을 잘 조절할 참가자가 필요합니다. 이러한 요소들이 잘 어울려질 멋진 공간이 있다면 더욱더 좋겠죠. 모든 요소를 만족하는 자리를 만나기란 쉽지 않지만, 충분히 경험할 수 있다고 봅니다. 아마도 독서모임의 매력에 빠져 오랜 시간 모임에 참가하는 사람이라면 한 번쯤은 비슷한 경험을 했을 듯합니다.

이상적인 그림과 비슷한 개념으로 이야기식 독서 토론[4]을 들 수 있습니다. 독서 토론에는 토의망식 모형[5], ECOLA식 모형[6], 양서 읽기 모형[7] 등 다양한 방식이 존재하는데, 그중 대표성을 띠는 한 가지 형태입니다. 성인 독서모임이 지향하는 방향으로도 볼 수 있습니다.

편안한 분위기에서 차를 한잔 나누며 친구와 대화하듯

---

4 Conversational Discussion Groups(이하 CDG)은 또래 간의 상호작용과 전문적 지도 사이의 균형과 공유를 바탕으로 한 읽기 토론 환경 조성을 통하여 작품의 의미 탐색, 전달, 구성을 향상하는데 목적이 있다. '이야기식 토론' 혹은 '대화식 토론' 등으로 불린다.

5 Discussion Web은 개인, 소모둠, 대모둠을 설정해 상호작용을 하면서 생각을 표현하는 기회를 제공한다. '토의망 토론', '토론망 토론' 등으로 사용된다.

6 Extending Concepts Through Language Activities의 약자로 읽기, 쓰기, 말하기, 듣기의 통합을 통하여 자신의 이해를 해석하고 점검하는 능력을 키우는데 도움을 준다.

7 Great books' Shared Inquiry(GBSI)는 독서를 통해 독자에게 평생학습자로서의 동기를 부여하는 것이다. GBSI 모형에서는 글에 대한 유연성과 비판적인 분석 기술, 읽기 이해력, 자신과 타인에 대한 이해를 통해 동기를 추구한다. '양서탐구토론'으로도 불린다.

이 책에 관해 서로 질문하고 대화하며 이야기 나눕니다. 책에 관한 전반적인 감상, 표지와 제목은 어떤지, 기억에 남은 장면이나 문장은 무엇인지, 어떤 인물에게 공감하고 공감되지 않았는지, 모르는 어휘나 이해 안 되는 단락은 무엇인지, 인물의 성격 중에 자기 삶에 적용하고 싶은 부분은 무엇인지 등을 이야기합니다. 다소 비형식적인 측면이 있으나, 구성원 모두가 참가할 수 있으며 상대와의 상호 작용 속에서 공감대와 조화를 이루게 되죠. 상대 의견을 경청하고 수용하여 자기 삶을 균형 잡힌 시각으로 바라보고 성찰하는 데 초점을 맞출 수 있습니다. 이야기식 독서 토론 형태는 영화나 다큐멘터리와 같은 콘텐츠에도 적용될 정도로 유연하게 활용할 수 있습니다.

이러한 부분이 얼핏 보면 수다의 연장선에 가까워 보이기도 합니다. 그런 점에서 발문이 중요한데요. 단순 수다로만 이어지지 않으려면 일반적으로 세 단계의 발문 형태로 진행할 수 있습니다. 1단계는 배경지식 관련 발문입니다. 책을 읽은 동기, 책 표지와 제목, 작가의 이력 등 책의 내용으로 들어가기 전과 관련된 내용입니다. 2단계는 책의 내용을 확인하는 발문입니다. 인물과 사건을 비롯해 책에서 중심이 되는 내용을 이야기 나누는 거죠. 3단계는 책의 내용을 읽고서 자신에게 적용할 수 있거나 사회현상과 연관시키는 발문입니다. 단순히 책의 내용에서 머물지 않고 '나'와 '우리'로 확장하는 개념입니다. 세 단계의 앞과 뒤에는 도입과 마무리 단계를 넣어줌으로써 진행을 유연하게 이끌어갈 수 있죠. 단순히 대화에서 끝나는 것이 아닌 글쓰기로 이어진다면 모임의 긍정적인 효과를 증폭시킬 수 있습니다.

독서모임은 '읽고 말하며 듣는' 단순한 형식을 취합니다. 그러나 더 나은 모임을 위해서 그 사이사이에 여러 요소가 가미될 필요가 있죠. 그러한 요소들이 더해져 독서모임이 지속 성장할 수 있습니다. 요소에는 단순히 경험적인 측면만 해당하지 않습니다. 모든 영역이 그렇듯 이론이 바탕되지 않은 경험은 속 빈 강정과 다를 바 없죠. 그렇다고 학문을 파헤치듯 독서모임 관련 이론을 공부하라고 말하는 것은 아닙니다. 적어도 이 책을 비롯해 독서모임 관련 책들은 몇 권 둘러보시길 권장합니다. 운영자뿐 아니라 참가자도 마찬가지입니다. 다양한 지식을 이해하고 받아들임으로써 책을 매개로 더 다양하고 깊은 이야기를 나눌 수 있습니다. 독서모임은 운영자와 참가자의 협업 아래 지속 성장할 수 있으니까요.

이벤트의 중요성
색다름은 지속성의 필수요소이다

아무리 집밥이 맛있어도 매일 먹으면 질리는 게 보통의 사람일 겁니다. 종종 외식도 하고, 군것질도 해야 집밥이 더욱 그립고 맛있는 법이죠. 독서모임도 마찬가지가 아닐까요? 책을 읽고 이야기 나누는 시간이 아무리 좋아도 매번 반복되면 자칫 지루해질 수 있습니다. 그럴 때 약간의 환기를 시켜주는 자리가 있다면 좋습니다. 순간의 색다름은 기존의 일상을 소중하게 느껴줌과 동시에 삶을 풍요롭게 만들죠.

북텐츠는 3~4개월 단위의 시즌 형태로 모임을 운영합니다. 각 시즌에는 20개 전후의 정규 프로그램이 있는데요, 이 밖에 일회성 모임을 진행하기도 합니다. 정규 프로그램이 메인 음식이라면 일회성 모임은 주 대상에 따라 명칭이 달라지죠. 기존 회원이 아니라면 본 음식의 맛을 돋울 애피타이저가 되며, 기존 회원에게는 정규모임의 기억이 잘 남도록 하는 디저트가 되는 거죠. 어쩌면 정규모임보다 더 노력을 쏟아야 하는지도 모릅니다. 누군가는 메인 음식보다 애피타이저와 디저트에 더 관심을 보이기도 하니까요.

애피타이저 만들기

애피타이저는 흔히 말하는 행사를 이야기합니다. 다양한 행사를 통해 예비 참가자를 모집할 수 있죠. 물론 기존 회원에게도 적용됩니다. 행사는 단체의 예산이 많지 않다면 지원 금액의 유무에 따라 갈래가 나뉘게 되는데요. 일련의 공모에 채택되었다면 일단 자금의 여유가 생깁니다. 행사를 진행할 때 프로그램의 창의적 기획만큼이나 중요한 게 예산입니다. 예산이 있으면 없던 아이디어도 생기죠. 반대로 별도의 지원 금액이 없다면 더욱더 아이디어에 매진해야 하며, 참가비에도 신경을 써야 합니다. 높은 참가비를 책정했다면 그만큼 기획과 준비가 우수해야 하며, 낮은 참가비를 책정했다면 인건비는 고사하고 행사에 들어간 부대 비용조차 회수하지 못할 확률이 높습니다.

독서모임에서 하는 행사인 만큼 책을 기반으로 하는 프로그램이 가장 효율적이면서 효과적입니다. 기획의 시작도 어렵지 않을뿐더러 정규 프로그램과의 홍보 연계성에도 긍정적인 영향을 미치죠. 행사의 주제를 술과 여행으로 잡고 모집했을 때 소위 대박이 났어도, 그중에서 다수가 책에 관심이 없다면 행사는 안 하느니만 못할 수 있습니다. 작은 단체의 특성상 그동안 모임에 집중하는 게 더 나으니까요.

그런 점에서 가장 좋은 행사는 작가와의 만남입니다. 독서모임을 통해 사람들과 책에 관한 일부 궁금증을 풀었어도 일말의 아쉬움이 존재하기 마련이죠. 아무리 열띤 토론이어도 확률 높은 추측일 뿐이니까요. 정답이라 말하는 것을 꼭 알 필요는 없으나, 저자의 생각을 듣는 것만으로도 누군가에게는 뜻깊은 자리가 될 수 있습니다. 책을 좋아하는 사람이라면 그 자리가 무엇보다 소중합니다. 자신이 평소에 좋아하는 작가라면 더욱더 그러하겠죠. 특히 글을 쓰려는 욕망이 잠재된 사람에게는 일정 이상의 동기를 제시합니다. 최근 들어 유튜브를 비롯해 각종 SNS에서 작가와 독자가 직간접적으로 만나는 자리가 늘었지만, 작가와 오프라인에서 직접 만나는 자리는 상대적으로 미비한 편이죠. 행사의 효과를 증대하려면 작가의 저서를 미리 읽고 오게 해야 합니다. 행사에 참석할 때 책을 읽고 오느냐, 그렇지 않느냐의 차이는 꽤 크게 발생합니다. 그런 의미에서 행사 참가자들이 저자의 책으로 행사 전에 독서모임을 가지면 좋습니다.

문제는 예산인데요. 서울·수도권이 아닌 지역은 교통비

명목으로 10만 원가량이 더해져 책정되죠. 좋은 행사라 할지라도 지원 금액이 없다면 주저할 수밖에 없습니다. 코로나19로 다수가 모인 오프라인 행사가 힘들어진 만큼 강연비를 충당하기도 어렵죠. 모임 확장을 위한 투자 개념으로 접근하기에도 여러모로 부담이 있습니다. 코로나19로 인한 대면 모임의 어려움과 한정된 예산으로 줌, 유튜브 등을 활용해 온라인 모임 방식으로 대체되고 있으나, 강연자나 참가자가 선호하는 건 오프라인임을 부정할 수 없습니다. 얼마 전 전라도 지역에서 강연 의뢰가 들어왔습니다. 온라인이건 오프라인이건 금액은 동일했죠. 제 선택은 왕복 6시간이 걸리더라도 오프라인이었습니다.

예산에 대한 해결책으로 지역작가를 고려할 수 있습니다. 유명세에 대한 차이가 아니라도 교통비, 숙박비는 제외하고 예산을 책정할 수 있죠. 유명 작가만큼 사람이 모이지 않을 수 있지만, 기획과 홍보를 어떻게 하느냐에 따라 다를 수 있습니다. 온라인이긴 하지만 부산시민도서관에서 주최하는 지역작가와의 만남에는 50~70명씩 참가가 이뤄지고 있습니다. 즉 수요가 존재한다는 의미죠. 작가와의 만남을 통해 또 다른 연을 맺을 수도 있습니다. 현재 북텐츠에서 2년간 소설 쓰기 모임을 운영하는 배길남 작가와의 만남도 그렇게 시작되었습니다.

행사를 진행할 때 작가로서 한 가지 팁을 드리면 예산만큼이나 중요한 건 요청자의 태도입니다. 작가에게 행사 제안을 할 때 '우리가 돈은 많지 않지만, 당신을 이곳에 초대하고 싶은 열망만은 가득하다. 이곳에 와준다면 최고의 경험이 되도록 최선을 다하겠다.'는 의지 표명이 필요합니다. 저도 그러한 글에 마음이 빼앗긴 적이 많기 때문입니다. 강연료 5만 원만 받고 서울을 왕복하기도 하고, 무료로 대구, 창원 등에서 작가와의 만남을 한 이유이기도 하니까요. 마음이 움직인다면 강연료가 저렴하더라도 움직이는 게 사람이 아닐까요. 작가와의 만남이 아니더라도 비경쟁식 토론, 낭독 대회, 독서 마라톤, 심야 독서 등 다양한 콘텐츠를 바탕으로 의미 있는 행사를 진행할 수 있습니다.

디저트 만들기

디저트는 행사보다 사모임에 가깝기에 상대적으로 애피타이저만큼 예산이나 준비가 많이 들지 않습니다. 대표적으로 뒤풀이를 들 수 있죠. 사람들이 동아리 형태의 사모임을 좋아하는 이유이자, 꺼리는 이유이기도 합니다. 일반적으로 뒤풀이는 사담으로 이어지는 단순한 술자리로만 인식되기 때문이죠. 술자리를 즐기지 않는 사람에게는 오히려 부담이 됩니다.

그럼에도 뒤풀이를 주요 디저트로 언급하는 이유는 크게 두 가지인데요, 한 가지는 독서모임이 책에 관한 이야기를 나누고 싶어 오는 사람의 모임인 만큼 네트워킹을 위해 오는 사람이 많다는 것입니다. 서울 쪽이 조금 더 특화되어 있을 뿐 다른 지역이라고 해서 원하지 않는 것은 아닙니다. 네트워킹이라고 하여 단순히 인맥 쌓기를 말하지 않습니다. 폭넓은 의미로 사람과 사람 간의 관계를 의미한다고 봐야 하죠. 독서모임 도중에는 책에 관한 이야기를 중점으로 하지만, 뒤풀이에서는 조금 더 자유롭게 이야기할 수 있죠. 업무적으로나 인간적으로나 좋은 관계를 맺고 싶은 사람에게 많은 도움이 될 수 있습니다. 실제로 코로나 시대에 오프라인 독서모임을 하지 않는 사람 중에 뒤풀이가 원활하지 않아서라는 이유도 많았습니다. 한 참가자의 말을 빌리면 "뒤풀이가 없는 오프라인 독서모임이 온라인 모임과 무엇이 다른지 모르겠네요."라고 말하기도 했습니다.

다른 한 가지는 조금은 특별한 분위기의 뒤풀이가 진행된다는 것입니다. 그동안 저는 다양한 종류의 사모임에 참가했고, 수백 번의 뒤풀이를 가졌습니다. 제가 이제껏 참가한 모임의 뒤풀이 중 독서모임 뒤풀이가 가장 건전하면서도 독특하게 이뤄지는 듯합니다. 뒤풀이 특성상 술이 들어갈 때가 많은데, 그런 자리에서도 책과 관련된 이야기가 이어질 때가 많죠. 주말 오전에 모임을 마친 후 당일 자정까지 뒤풀이를 가진 적이 몇 번 있는데요, 그 자리의 대화 내용은 대부분 그날 선정된 도서와 도서를 집필한 작가에 관해서였죠. 집으로 돌아오는 길에 웃음을 흘린 적도 있습니다. 직장인에게 가장 소중한 주말에 12시간 동안 책을 두고 이야기한다는 사실에 대해서 말이죠.

뒤풀이가 아니더라도 다양한 형태의 디저트가 있습니다. 날이 좋은 날에는 공원에서 모임을, 주말에는 책방, 도서관, 미술관 투어를 진행할 수 있죠. 작품에 등장한 지역으로 여행을 떠날 수도 있고요. 한 해를 마무리하는 송년회 느낌의 개별 행사도 좋은 자리가 될 수 있습니다. 서울의 T 모임은 클럽마다 번추위(번개 추진 위원회)를 선정하여 번개모임을 기획하고 추진합니다. 번개와 같은 사소한 분류에도 일련의 시스템이 작동한다는 것을 보여주죠.

이러한 노력들은 참가자들 간의 유대를 높일 뿐 아니라 그 행사를 주최한 단체에 애정을 가지도록 돕습니다. 한 단체에 소속된 소속 욕구를 증대시킴으로써 모임의 만족도를 높이는 역할을 한다고 볼 수 있습니다. 그동안의 경험상 이벤트 형식의 자리가 참가자의 재가입을 높였고, 잠재 회원이 신규 회원으로 전화되는 확률이 매우 높았습니다. 코로나19가 커뮤니티 문화의 위기를 불러온 데는 이러한 행사가 어려운 점도 큰 역할을 맡았습니다. 그러나 이러한 상황에도 독서모임이 지속 생존할 수 있도록 온라인 행사를 대체 기획하고, 언젠가는 자유롭게 행해질 오프라인 행사 자리를 만드는 것이 모임 운영자의 몫이자 책임이 아닐까 합니다.

모임의 핵심
결국은 사람이다

독서모임을 하다 보면 사람들이 모임에 처음 참가한 이유를 자연스럽게 알게 됩니다. 각자가 다른 삶을 살고 있지만, 주된 이유는 대개 세 가지로 집약되는데요, 사유의 확장, 좋은 책의 발견 그리고 좋은 사람과의 만남입니다. 세 가지가 모두 이루어지면 아무리 바빠도 독서모임에 꾸준히 참가하게 되죠. 그런데 세 가지가 동시에 이뤄지긴 쉽지 않습니다. 셋 중에서 어떤 요인이 독서모임에 지속해서 참가하는 데 중요한 역할을 하는지에 대한 정답이라 말할 수 있는 것은 없을 겁니다. 각자 독서모임에 반영된 가치가 다르기 때문이죠. 다만, 독서모임에서 '사람'이라는 가치가 코로나19 이후 평상시보다 더욱 두드러졌음을 부정할 수 없습니다.

코로나19 이후 팬데믹 상황이 오면서 학교, 직장을 제외한 각종 외부 모임 등에 참가가 어려워졌습니다. 사람들이 소속감을 느낄 만한 곳이 현저히 줄게 되었죠. 가족이란 구성원이 존재했으나, 1인 가구 비율이 늘어나면서 이 또한 한계점이 분명했습니다. 2020년 기준 1인 가구는 6,643,354(31.7%)가구로 조사 이후 최대치를 나타냈죠. 또한, 현대인은 학교, 직장 등 매일 같은 공간에서 만나는 사람보다 온·오프라인에서 관심사가 비슷한 사람들과 만남을 형성하는 데 더 익숙하고 친숙한 감정을 느끼기도 합니다. 직장 선후배들이 대신할 수 없는 가깝지도 멀지도 않은, 그러면서 동시에 '깊은' 대화를 나눌 수 있는 관계이죠. 친한 친구들과도 나누기 힘든 공감대를 낯선 이들과 나누는 즐거움입니다. 어쩌면 많은 사람이 바쁜 일상에도 불구하고 동아리 형태의 사모임을 선택하는 이유가 아닐까요.

책읽는사회문화재단은 독서동아리 351개를 대상으로 코로나19 이후 어려운 점을 조사하였습니다. 그 결과 '친교 활동의 어려움'이 최상단에 올랐죠. 비록 코로나 시대에 오프라인 모임이 비활성화되었지만, 온라인 모임은 지속해서 이뤄졌습니다. 그런데 사람들은 온라인에서는 사람들과 친교라 말하는 것을 제대로 행하지 못했다고 판단한 것입니다. 어쩌면 오프라인 독서모임에서 이뤄지던 타인과의 대화와 만남이 꽤 그리운 건지도 모릅니다.

독서모임에서 사람이 중요한 이유

좋은 책을 만나고, 사유를 넓히기 위해 독서모임에 참가했을지라도 결국 대화를 나누는 건 사람입니다. 같은 책을 읽고 비슷한 생각을 하는 사람을 만나면 동질감이 생겨 괜스레 반가운 마음이 듭니다. 일단 각자의 귀한 시간을 내어 독서모임에 왔다는 자체가 취향의 범주가 비슷하다고 볼 수 있죠. 취향이 비슷한 사람과는 공통점을 찾기 쉬우며, 긴밀하면서도 자연스러운 공감으로 이어집니다. 가끔은 어떤 현상을 바라보는 자기 생각이 잘못되지 않았음을 증명하는 기준이 되기도 하죠. 사람들은 생각보다 자기 생각을 밖으로 잘 표현하지 못합니다. 그러한 데는 여러 이유가 있겠지만, 상대방이 그들만의 기준을 두고 자신의 생각과 사상을 판단할 거라는 생각에 미치기 때문입니다. 그런데 누군가 자기 의견에 동조하면 없던 자신감도 생기죠. 마치 전장에서 군사력이 강한 동맹군이 도우려고 온 것처럼 말이에요.

만약 같은 논점을 두고도 자신과 다른 생각을 하는 사람을 만났을 때는 어떻게 그 순간을 대하느냐에 따라 다르게 반응합니다. 모임에 참가할 때부터 타인의 의견은 듣지 않고 자기 이야기만 하겠다는 마음이면 상대의 목소리가 들리지 않을뿐더러, 자기 의견과 반대되는 목소리에 괜히

적개심마저 느껴지죠. 일상에서도 그럴 때가 있습니다. 고심 끝에 아이디어를 제안했는데, 누군가 '그건 좀…'이라는 투로 이야기를 던지면 자신도 모르게 인상이 찌푸려지기도 하니까요. 특히 독서모임에서는 스스로 독서량에 자신 있거나, 독서 경력이 꽤 된다고 여긴다면 자기만의 관점에 빠져 상대 목소리에 조금 더 민감하게 반응할 수 있습니다. 의도했건, 그렇지 않건 "그건 말이죠…"로 시작해 상대의 말을 되받아치게 되죠. 비슷한 경우가 몇 번 반복되면 '에이, 뭐 여긴 똑똑한 사람도 없고, 괜찮은 사람도 없네'라고 여기며 더는 독서모임에 참가하지 않게 됩니다.

이와는 달리 조금은 열린 마음으로 상대의 이야기를 듣겠다고 마음먹으면 상대의 목소리가 반박이 아닌 생각과 의견으로 들리게 됩니다. 조금 더 마음을 열면 그 사람이 자기주장에 근거를 붙이는 방식, 근거에 바탕이 되는 배경 지식, 말로 사람을 유혹하는 기술까지 인지하게 되죠. 자신과 상반된 의견일 뿐, 성별과 나이를 떠나 사람 그 자체에 관심을 가지게 됩니다. 그러한 순간을 경험하면 독서모임에서 책을 두고 이야기하는 것만큼이나 책을 읽는 사람들과 대화하는 시간이 즐거워지기 시작하죠. 그런 사람이 한 명이 아닌 여러 명이라면 어떨까요. 자신이 속한 모임 전부라면요. 누군가에게는 지식을, 누군가에게는 언변을, 누군가에게는 생각의 다양성을 배울 수 있습니다. 일상에서 쉽게 마주하지 못하는 여러 감정을 경험함으로써 자연스럽게 사고 및 사유의 폭이 확장되고 깊이가 깊어집니다. 다음 날 야근을 각오하고 오거나, 버스-기차-버스를 이용하여 2시간 거리의 타 지역에서 오거나, 기상이변에 속할 정도로 폭설과 폭우가 내리는 날에도 모임에 참가하려는 사람들의 전반적인 특징으로 볼 수 있습니다.

물론 사람 때문에 모임을 제대로 즐기지 못하기도 합니다. 공동체로서 함께하는 모임임에도 귀를 닫아버린 채 자기 의견만을 말하는 사람도 있죠. 모임 시간이 한정된 만큼 한 사람의 발언 시간이 길어지면 다른 사람의 발언 시간은 줄어들 수밖에 없습니다. 별다른 의도 없이 그저 자기 의견을 내뱉는 것뿐인데, 상대가 그 말 자체에 꼬리를 물고 늘어지면 의견을 꺼내기도 부담스러워지죠. 가끔은 상대의 얼굴에 마음의 화가 다 드러나 모임 분위기에 찬물을 끼얹기도 합니다. 누군가는 그런 상황에 모임 참가의 동기가 떨어지기도 하죠. 절이 떠날 수 없으니 중이 떠나듯, 상대가 보기 싫어 자신이 떠날 수밖에요. 그렇게 되면 다른 독서모임으로 옮기기도 하지만, 독서모임 자체를 멀리하기도 합니다. 독서모임의 매력은 그저 글로만 접하게 될 뿐입니다.

그런데도 독서모임을 하다 보면 참가자들에게 비슷한

이야기를 자주 듣습니다.

"독서모임에는 좋은 사람이 많은 것 같아요."

좋은 사람에는 정해진 답이 없겠죠. 그러나 일반적으로 사람들이 생각하는 보편적인 '좋은 사람'의 기준이 아닐까 합니다. 몇 번의 모임을 통해 그 사람의 내면을 세세히 다 알지는 못해도 모임에서 대화하며 느껴지는 인품을 보고 내린 각자의 상식 내에서 일련의 판단일 것입니다.

주변에서 비슷한 이야기를 자주 듣습니다. 돈도 안 되는 모임을 왜 하느냐고, 소모임 형태로 문화산업에 뛰어들어봤자 손에 쥐는 건 즐거움뿐이라고, 그 시간 동안 유튜브를 하거나 글을 한 편이라도 더 쓰는 게 경제적으로나 브랜딩적으로나 훨씬 낫다고 말이죠. 가끔 누군가는 혀를 차기도 합니다.

저 또한 자본주의 시대를 살아가는 한 사람으로서 돈이 안 되는 행위에 막연하게 많은 시간과 에너지를 들일 생각은 없습니다. 독서문화 증진이라는 거창한 목표는 한참 후의 일로 차치하더라도 그리 멀지 않은 시간 내에 안정적인 수입을 위한 하나의 파이프라인이 되리라 믿습니다. 그런데 그 과정에 기반을 두는 것은 결국 사람입니다. 운영자의 입장에서도, 참가자의 입장에서도 마찬가지입니다.

우리는 살아가는 데 있어서 독서모임을 하지 않아도 특

별한 문제가 없음을 너무나 잘 알고 있습니다. 오히려 모임에 참가하기 위해 들이는 시간과 비용을 아껴 다른 행위를 함으로써 또 다른 가치를 발현할 수 있죠. 그럼에도 불구하고 책과 사람 그리고 문화를 좋아하는 사람들을 만난다는 것, 그런 사람들의 만남을 운영자로서 바라보는 것, 그들이 만들어낼 삶의 스토리가 궁금하다는 것, 이 모든 것이 서로 실타래처럼 엉켜 오프라인 모임의 절망이라 불리는 팬데믹 시대에 독서모임을 운영할 수 있게 합니다. 좋은 책을 통해 좋은 사람을 만나는 것, 그것이 우리가 진정으로 추구해야 할 독서모임입니다.

3장

시작하는 마음,
다시 기본으로 돌아가자

시작에 관하여
우리는 왜 독서모임을 해야 하나요?

　점점 책을 안 읽는 시대라고 합니다. 2021년 문화체육관광부에 따르면 지난 1년간 성인의 연간 독서율은 47.5%로 2019년 55.7% 대비 8.2% 감소하였으며, 연간 독서량은 4.5권으로 2019년 7.3권 대비 2.8권이 감소했죠. 즉 지난 1년간 우리나라 성인 10명 중 절반은 책을 한 권도 읽지 않았으며, 평균 독서량도 석 달에 한 권밖에 되지 않았습니다. 기사나 칼럼에서는 오래전부터 '독서의 위기'라는 말로 지금의 시대를 함축합니다. 누군가 말하길 책이 지닌 가치를 모르는 건 아니지만, 꼭 책이 아니어도 괜찮지 않느냐고 합니다. 어쩌면 틀린 말이 하나도 없는지도 모르겠네요.

　현대인이 책과 멀리하는 이유는 '바쁘기' 때문입니다. 돈을 벌어야 하기 때문에 바쁘고, 번 만큼 쉬어야 하기 때문에 바쁘죠. 그중에서도 쉼에 있어 신흥 강호로 올라온 분야가 있는데요, 유튜브를 필두로 한 동영상 플랫폼입니다. 이들이 대중의 영역에 발을 내디딘 지는 불과 몇 년이 안 되었습니다. 수천 년의 거대한 역사를 지닌 텍스트의 영역과는 수치로도 표현하기 어려울 만큼의 격차죠. 그런데 코로나 시대가 본격적으로 개막하면서 그 격차를 좁히는 속도가 상당하다는 표현조차 부족할 만큼 빨라졌습니다. 주변에서 책을 안 읽는 사람은 많아도, 유튜브와 넷플릭스를 안 보는 사람은 쉽게 찾기 힘들 정도니까요. 성인 독서 부진 요소 중에서 '다양한 콘텐츠'가 최상위권으로 올라온 이유일 것입니다. 일부 조사에서는 코로나 시대에 도서 판매량이 증가했다고 합니다. 그러나 세부적으로 봤을 때 경제경영—정확히는 주식과 부동산—도서와 어린이 학습용 도서 판매량이 급격히 증가했을 뿐입니다.

이처럼 책도 읽기 어려운 시대에 그것보다 더 귀찮은 책을 완독 후 사람들과 이야기 나누는 독서모임을 해야 한다고 말하면 누군가는 말의 의미조차 이해하지 못할 것입니다. 게다가 일부 모임은 회당 저녁 식사 한 끼 값을 지급해야 하죠. 한 지인의 말을 빌리면, 어처구니없다고 합니다. 그런데 아이러니하게도 독서모임을 만드는 사람이 점차 늘고 있습니다. 믿기지 않겠지만, 사실에 가깝습니다.

2018년 기준으로 전국에 성인 대상 및 청소년과 성인이 포함된 확인된 독서동아리의 수는 5,472개이며, 추정치는 7,292개입니다. 지역의 도서관이나 서점 등과 연계되어 중복으로 잡힐 수 있으므로 정확한 수치로 보긴 어렵습니다. 다만 2012년에 확인된 독서동아리의 수가 1,850개인 것을 보아, 지난 6년 동안 독서동아리의 수가 상당히 증가했음을 알 수 있습니다. 독서동아리의 대부분을 차지하는 공공도서관의 비중도 약 80%에서 71%로 약 9% 포인트 감소했습니다. 독립서점을 비롯해 민간 내 일반 단체의 모임 개설 증가로 유추할 수 있습니다.

독서모임을 하는 환상적인 이유

독서모임이 증가하는 이유를 환상적인 이유와 현실적인 이유로 구분할 수 있습니다. 말 그대로 이루어졌으면 하는 바람으로 독서모임을 택하기도 하며, 현실적으로 자신과 타인에게 보이는 부분 때문에 선택하기도 하죠.

환상적인 이유에는 크게 네 가지를 들 수 있습니다. 첫 번째는 사유의 확장입니다. 사람은 생각하는 동물이지만, 생각의 양은 '생각보다' 한정적입니다. 그러한 데는 어휘의 확장성과도 깊은 연관이 있죠. 그런데 독서모임을 하며 다양한 책을 읽고, 그보다 많은 사람의 이야기를 들으며 자기 이야기를 내뱉습니다. 그러한 과정에서 어휘의 양은 많아지고, 생각의 깊이는 깊어져 자연스럽게 사유의 확장으로 이어질 수 있죠. 특별한 예외가 아니라면 사유의 확장은 삶에서 긍정적인 효과를 불러일으킵니다.

두 번째는 내면의 발견입니다. 사유의 확장과 일련의 연관성을 둔다고 볼 수 있습니다. 일반적인 독서모임은 〈100분 토론〉처럼 일정 시간의 발언권이라는 게 거의 없습니다. 진행자가 존재하는 모임조차도 자연스럽게 이야기가 흘러갈 때가 많죠. 그 과정에서 자신의 성향을 알 수 있는데요, 말하기를 좋아하는지, 듣는 걸 좋아하는지, 지식을 뽐내고 싶어 하는지 등을 말이죠. 때론 감정의 숨겨진 모습을 발견하기도 합니다. 자기 이야기를 하거나, 타인의 이야기를 듣다가 갑자기 심장이 두근거리고, 온몸에 솜털이 쭈뼛서며, 뜻하지 않게 눈물을 흠뻑 흘리기도 하죠. 모임 중에 감정이 벅차오르는 그 감정을 느껴본 사람은 독서모임을 쉽게 떠나지 못해요. 적어도 그동안 제가 본 사람들은 그러했습니다. 물론 저도 포함되죠.

세 번째는 독서의 새로운 면을 발견할 수 있다는 것입니다. 일반적으로 이야기하는 독서는 대부분 '읽는 행위'에 그칩니다. 그런데 독서모임을 하며 읽기, 말하기, 듣기, 쓰기 단계를 거치게 되죠. 독서교육에서 말하는 통합독서의 단계가 원활하게 순환하는 과정이야말로 진정한 '독서'가 아닐까 생각합니다. 네 번째는 앞서 이야기했던 좋은 사람과의 만남입니다.

그런데 환상적인 이유만으로 독서모임을 운영하거나 참가하기는 쉽지 않습니다. 실제로 주변에 이러한 이유를 들어가며 독서모임을 권유하면 흥미를 보이기보다는 '그게 왜? 그것보다 재미있는 모임도 많은데'와 같은 반응이 더 자연스러웠죠. 책과 일정 거리를 두는 한 친구는 "내 돈 주고 책을 사서, 수다 떨기 위해, 내 돈과 시간을 투자해서, 왜 모임까지 가야 해?"라고 말하기도 했습니다. 어쩌면 이 친구의 반응이 정상적인지도 모릅니다. 다만 보물섬을 보지 않은 사람에게 보물섬은 그저 세상 어딘가에 있는 미지의 섬일 뿐이죠. 이 친구와 같은 사람을 위해 현실적인 이유가 첨가되어야 합니다. 바쁜 시간을 내어 한 걸음 내디딜 수 있도록 매력적인 모임으로 보여야 하니까요.

독서모임을 하는 현실적인 이유

현실적인 이유는 크게 두 가지를 들 수 있는데요. 첫 번째는 독서모임을 하면 뽐이 난다는 것입니다. 귀티는 조금 거창한 듯하고, 빼어남을 이르는 '뽐'이란 단어가 적절할 듯합니다. 한 지인이 독서모임 참가 때문에 회사 단체 회식에 빠진 적이 있는데, 다음 날 주변 동료들이 지인을 이상한 눈으로 쳐다보며 뭔가 지적이게 보인다고 말했습니다. 누군가 '책은 인간이 추구하는 지적 허영심의 결정판'이라고 했는데, 독서모임은 '지적 허영심의 최종 결정판'일지도 모릅니다. 성인의 독서모임 참여율이 0.9%라는 점에서 독서모임에 참여하는 사람은 어쩌면 소수가 아닌 희귀 대상에 속하는지도 모릅니다.

두 번째는 서가에 먼지가 사라진다는 것입니다. 책을 많이 읽는 축에 속하는 사람을 뜻하는 헤비 리더(heavy reader)는 종종 웃픈 말로 "이번 달에 5권밖에 못 읽었는데, 10권을 구매했어."라고 말합니다. 책을 안 읽는 사람에게는 이해조차 안 되는 말일지 모르지만, 책을 좋아하는 사람이라면 자신의 이야기가 아닐까 생각할지도 모릅니다. 베스트셀러여서, 표지가 예뻐서, 기다리던 작가 신간이라서, 지인이 출간해서라는 이유로 책을 구매하죠. 이러한 행위가 반복되면 어느 순간 서가에는 읽은 책보다 읽지 않은 책이 더 많아지게 되는데요, 제 서가에는 책의 서문에서 멈춘 책이 다수이며, 서문조차 읽지 않은 책도 상당합니다. 그런데 독서모임을 하면 어떻게든 책을 읽게 됩니다. 모임별 특징에 따라 다르지만, 대부분 완독 후 모임 참가를 요구하죠. 모임에서 선정된 책을 또 손에 쥐기도 하지만, 집 서가에 꽂힌 책이 모임 도서로 선정되기도 하죠. 집에 쌓인 책을 읽어내고 싶다면 스스로 모임을 만들어도 됩니다. 우리가 안 읽은 책의 대부분은 유명하지만 두꺼운 책, 유명하지만 내용이 어려운 책 등이기 때문이죠. 이러한 책들을 완독하고, 사람들과 이야기 나누면 기존에 늘 읽던 부류의 책에서 발견하지 못한 어떠한 가치를 발견할 확률이 높습니다. 물론 그 가치를 어떻게 실제화할지는 각자의 몫에 달려 있습니다.

환상적이건 현실적이건 이에 해당하지 않는 사람도 존재합니다. 정확히 하자면, 해당하는 사람이 오히려 소수에 속하죠. 그런데 분명한 것은, 이제는 단순히 책을 읽는 데만 그치지 않고 독서모임을 찾는다는 사실입니다. 어릴 적 부모님이 시켜서 하는 타의에 의한 행위가 아닌 명백한 자신의 의지죠. 의지가 부족하다면 돈을 지불한 데 대한 목적의식을 가져도 되고요. 혼자 읽고 그치는 '개인적 독서'에서 다른 사람과 생각을 공유하려는 '사회적 독서'로의 전환, 그 중심에 바로 독서모임이 있습니다.

책읽는사회문화재단 안찬수 사무처장은 이러한 상황을 두고 '구텐베르크 괄호 치기'라고 표현합니다. 금속활자의 발명으로 자기만의 책을 갖게 된 사람들이 골방에서 혼자 책을 읽게 되기 전의 상황, 즉 책을 읽고 사람들이 이야기하는 구텐베르크 등장 이전의 상황으로 돌아가고 있다

는 의미입니다. 우리는 독서모임이라는 타임머신을 타고
시대를 넘나들며 세상을 유랑할 수 있습니다.

모임 구성
모임에 필요한 세부요소

모임 인원수에 대해서 이야기해보려 하는데요. 인원수와 관련해서 기억에 남는 모임들이 있습니다. 한 번은 70여 평 공간에서 한 테이블에 10명씩 총 100명이 모임을 가졌습니다. 도서는 한때 자기계발서의 바이블로 불리는 말콤 글래드웰의 『아웃라이어』였습니다. 2009년에 책이 출간되었을 때 자기계발에 한참 빠져 있던 때라 모임 공지를 보고 일말의 머뭇거림 없이 신청했었죠. 참가자들의 열기는 활화산처럼 뜨거웠습니다. 그런데 그것 말고는 그때 무슨 이야기를 나눴는지 기억이 나지 않습니다. 진행자라고 할 수 있는 사람이 있긴 했으나, 별도의 진행규칙도, 발문도 없었죠. 목소리가 크고, 평소에도 말이 많은 듯한 사람이 발언권을 쟁취하다시피 했습니다. 제가 속한 테이블은 10명이었으나 양옆으로 수십 명이 저를 감싸고 있었기에 제 목소리조차 구분하기 힘들었죠. 마치 자갈치 시장의 중심에 놓인 듯했습니다. 결국 2시간의 토론이 끝난 뒤 사람들의 목소리에 치이고, 열정에 치여 진이 다 빠진 상태로 쓸쓸히 그곳을 나왔습니다.

한 번은 20여 평 공간에서 밀란 쿤데라의 『참을 수 없는 존재의 가벼움』을 두고 진행자와 1:1로 2시간 동안 대화를 나눴습니다. 원래는 5명이 참가하기로 했으나, 당일에 각자의 사정으로 3명이 불참해버렸죠. 흔히 1:1이라고 하면 정말 심도 있는 이야기를 진행하리라 생각하지만, 몇 가지 문제가 있었습니다. 먼저 진행자가 진행 경험이 없었습니다. 그렇다고 제가 다른 모임에서 진행을 할 수는 없었죠. 게다가 저는 급하게 책을 읽어서인지 책을 제대로 이해하지 못했습니다. 완독에만 목표를 두다 보니 영원회귀가 왜 등장하는지, 등장하는 주요 인물들은 왜 평범해 보이지 않는 연애를 하는지 이해하기 어려웠습니다. 진행자는 나름 모임을 열심히 끌어갔지만, 결국 둘의 대화는 방향성을 잃은 채 강을 건너고, 바다를 건너기만 했습니다.

한 번은 기시미 이치로, 고가 후미타케의 『미움받을 용기』를 두고 이야기를 나눴습니다. 6명이 모이기로 했으나, 3명이 불참했죠. 그런데 앞의 두 상황과 다른 부분이라면 카페에서 별도로 분리된 독립공간이었다는 점, 독서모임을 몇 번 진행해온 진행자가 발제를 제대로 준비했다는 점, 셋다 책을 꼼꼼하게 읽어 왔다는 점이었습니다. 모임은 가벼움과 진중함을 적절하게 넘나들었고, 저녁 7시에 시작하여 예정된 마감 시간인 밤 9시 30분을 넘어 카페가 문 닫는 밤 11시까지 대화가 이어졌습니다. 꽤 오랫동안 기억에 남을 만큼 괜찮은 시간이었습니다. 다만, 세 개의 모임에서 공통으로 아쉬운 한 가지는 세 군데 모두 더는 모임을 운영하지 않는다는 사실입니다.

모임 세부요소 결정하기

모임 인원수에 정답은 없지만, 일정 범주는 존재합니다. 미국 도서관 협회(American Library Association)에서는 적정 인원수를 8명에서 16명을 두며, 문화체육관광부에서는 15명 내외로 봅니다. 그동안의 제 경험으로는 일반적인 독서모임은 6~10명, 집중력 있게 스터디 형식으로 진행하려면 4~6명이 적당하다고 봅니다. 대신 모임마다 보통 1~3명씩은 결석하는 경우가 많기에 정원을 뽑을 때는 조금씩 여유를 두는 게 좋습니다.

이렇게 모임 인원을 구성하는 데는 한정된 시간이 중요한 영향을 미칩니다. 독서모임을 진행하는 시간에도 정해진 답은 없지만, 일반적으로 2~3시간이 적당하다고 봅니다. 차후 진행 방법과 관련하여 조금 더 자세히 이야기하겠지만, 8명이 이야기한다고 했을 때 2시간은 부족하고, 3시간은 조금 넉넉한 부분이 있습니다.

진행자는 한정된 시간 내에 참가자가 최대한 '균등하게' 발언할 수 있도록 준비해야 하는데요. 혹자는 모임을 시작할 때 '다른 사람의 의견을 들으러 왔습니다.', '말하는 것을 좋아하지 않습니다.'라는 의미의 말을 던지기도 합니다. 스스로 그런 이야기를 한다면 진행자 입장에서 참가자에게 무조건 같은 시간을 배분하여 발언권을 준다는 강박을 가지지 않아도 됩니다. 진행자의 친절은 참가자의 성향에 따라 괜히 그 자리가 불편해지게 만들기도 합니다.

그런데 한편으로는 그 말의 의미를 간과해서도 안 됩니다. 독서모임의 전제는 읽고, 듣고, 말하는 행위죠. 즉 말하기를 부끄러워하거나 경청을 좋아할지라도, 말하기를 원하지 않거나 듣기만을 원하지 않습니다. 일정 금액을 지불했다면 더욱더 그럴 수밖에 없죠. 독서모임은 책을 읽은 후의 생각을 '교류'하기 위한 자리입니다. 단순히 책을 읽은 느낌을 들으려면 유튜브에 가득하죠. 책을 잘 요약해주고, 새로운 정보를 주며, 깊은 사유를 하게 만드는 전문적인 북튜버도 있습니다. 오히려 유튜브와 비교했을 때 독서모임에서 이야기 나누는 부분이 더 부족하게 느껴질지도 모릅니다. 그런데도 돈과 시간을 내어 독서모임에 참가하는 데는 '내가 책을 읽고 느낀 바를 타인에게 전달하려는 부분'을 전제로 두는 경우가 대부분입니다.

다시 돌아와서 120분이란 시간 내에서 진행자를 포함한 8명이 자기 생각을 꺼낼 시간은 인당 15분이 할애됩니다. 그중 말을 많이 하는 사람, 쉬는 시간, 진행자의 멘트, 마무리 안내 등 여러 변수로 인해 말하는 시간이 줄어들어 누군가는 말을 꺼낼 시간이 10분이 채 되지 않을 테죠. 10분은 길기도 하지만, 누군가에게는 찰나에 가까울 정도로 짧은 시간입니다. 온·오프라인을 떠나 모임 시간이 3시간 이상 되지 않는다면 정원을 최대 12명 이상 받지 않는 게 좋은 이유입니다.

그렇다고 인당 발언 시간을 늘리기 위해 총 시간을 늘리기만 한다면 모임이 전체적으로 처지는 감이 있습니다. 시간 때문에 분위기가 올라오지 않는다면 오히려 2시간 이내에 밀도 있게 모임을 진행하는 게 나을 수 있습니다. 실제로 3시간 이상을 넘어가면 핸드폰을 보거나 하품을 하는 사람들이 하나둘씩 늘어나는 모습을 보입니다. 게다가 평일 저녁 모임은 퇴근 후 식사도 못 하고 오는 사람이 많죠. 독서모임이 즐겁다 하더라도 허기짐을 극복하기란 쉽지 않습니다.

이를 보완하는 방법이 한 가지 있는데요. 모임 이후 함께 식사하거나 카페에서 차를 마시며 더 많은 이야기를 나누는 겁니다. 한 번은 에드워드 카의 『역사란 무엇인가』를 두고 토요일 오전 10시에 모임을 시작했습니다. 300페이지도 되지 않는 책이지만, 역사 관련 모임에서 필독서로 여길 만큼 많은 내용을 담고 있죠. 그러다 보니 예정된 3시간 만에 이야기를 끝마치지 못했습니다. 공식 모임이 끝나고 함께 간단히 점심을 먹은 후, 카페에서 커피를 마시고, 맥줏집에서 맥주를 마시며 책에 관한 이야기를 추가로 나누었습니다. 꽤 오래전 일이라 어떤 이야기를 나눴는지 흐릿하지만, 그날 막차가 끊기는 시간까지 책과 삶에 관하여 이야기 나눴음은 분명합니다. 코로나 시대에서는 이러한 자리가 상당히 제한되었음이 아쉬울 따름입니다.

모임과 모임 사이의 적정 간격에도 정답은 없습니다. 개인적으로는 4주에 한 번을 권장합니다. 일반 성인의 평균 독서량이 한 달에 한 권이 안 된다는 가정하에 4주 간격이 한 권의 책을 온전히 읽기에 적절하죠. 속독하거나 미리 읽었던 사람이라면 재독하면 됩니다. 모임에서 더 깊은 이야기를 나눌 수 있습니다. 재독이 귀찮으면 여분의 책을 읽어도 되죠. 서가에 꽂혀 있거나, 선정 도서의 저자가 쓴 다른 책을 읽으면 좋습니다. 다만 개인 사유로 한 번 결석하면 이전 모임과의 간격이 4주가 아닌 8주로 늘어남으로써 참가자들과의 친밀도에 일부 영향을 미칠 수는 있습니다.

운영자의 판단하에 모임에 참가하는 사람들 간의 관계를 조금 더 친밀하게 만들고 싶거나 책을 완독하는 습관을 기르고 싶다면 2주 간격이 좋습니다. 하루에 30분의 시간만 들인다고 생각하면 2주 안에 300페이지 전후의 책을 읽어내기가 그리 어렵지만은 않습니다. 다만, 참가자의 부담을 줄이기 위해 사전에 모임의 목적이 충분히 안내되어야 합니다. 400페이지 이상의 도서를 선정하기에는 약간의 애로사항이 있음을 인지해야 합니다. 3주는 2주와 4주의 장단점을 흡수하는 이점이 있지만, 운영자와 참가자 모두 일정을 체크하기 힘들다는 치명적인 단점이 있습니다. 독서 의지를 최대한 발휘하고자 한다면 1주도 괜찮지만, 단순히 대화 형식의 모임보다는 무언가를 배운다는 마음으로 참가하는 스터디 형식에 알맞습니다.

인원, 운영 시간, 모임 횟수 등에는 정답이 없습니다. 스스로 모임을 운영하거나 참가해가며 어울리는 방식을 찾는 게 중요하죠. 그 경험이 켜켜이 쌓이면 그 모임만의 정체성이 될 수 있습니다. 대신 운영자라면 늘 고민해야 할 한 가지가 있습니다. 이러한 부분들을 참가자가 원하는 것보다 운영자가 모임을 끌어가려는 방향성에서 찾는 게 중요하다는 것입니다. 모임을 단기간에 성장시키기 위해 매주 3시간씩 12명이 함께하려 한다면 참가자의 참석 여부를 떠나 운영자가 지쳐버릴 확률이 매우 높습니다. 독서모임을 지속하기 위해서는 운영자가 지치지 않는 게 그 무엇보다 중요합니다.

도서 선정
모임하기에 어떤 책이 좋을까요?

독서모임에서 도서 선정은 그 무엇보다 중요합니다. 어떤 책을 선정하느냐에 따라서 대화의 내용과 깊이가 달라질 수 있습니다. 도서를 선정할 때는 크게 지정 도서와 자유 도서로 나뉜다고 볼 수 있습니다. 지정 도서는 한 권의 책을 선정하여 그 책을 바탕으로 함께 이야기 나누는 방식입니다. 한 권의 책을 깊게 읽음으로써 독서와 독서모임의 재미를 더욱 빠르고 효과적으로 받아들일 수 있죠. 자유 도서는 일련의 기준에서 참가자 각자가 가져온 도서를 바탕으로 이야기 나누는 방식입니다. 각자의 기준에서 검증받은 좋은 책들을 발견할 수 있습니다. 일반적으로 지정 도서모임이 다수를 이루지만, 모임 방식이 다양해지면서 자유 도서 모임의 형태도 증가하고 있습니다.

연간 출간되는 책의 권 수가 약 6~10만 권이라고 합니다. 우리는 그 수많은 책 중에 일정 기준에 맞춰 모임 때 이야기 나눌 책을 선정해야 합니다. 독서모임에서 이야기 나누기 좋은 책은 생각할 거리를 많이 주는 책입니다. 독서는 단순히 글자를 읽는 것이 아니라 글자와 글자 사이의 행간을 읽는 행위입니다. 저자는 책에 수많은 질문을 숨겨두며, 독자는 그 질문을 찾아가는 존재죠. 매력적인 질문, 즉 생각할 거리를 많이 건네는 질문은 독자에게 아주 매력적이며 다수의 공감을 불러올 수 있습니다. 누가 권하지 않아도, 스스로 질문에 맞는 답을 찾으려 하죠. 생각할 거리가 적다면 시간을 들여 책을 읽을 동기가 떨어지며, 그렇다고 방대할 정도로 너무 많다면 길을 걷다가 중간에 멈춰 서버릴지도 모릅니다. 조금 더 세밀하게 본다면 사건이나 인물을 입체적으로 바라볼 수 있거나, 인류가 보편적으로 공감하는 내용을 담거나, 시의성 있는 주제를 담거나, 객관적인 자료를 바탕으로 주관적 의견을 끌어낼 수 있는 도서라면 다수의 공감을 불러올 확률이 높습니다.

　문제는 그런 책을 찾기가 생각보다 쉽지 않은 데다가, 그런 책을 찾았다고 해도 독서모임에 참여하는 대상이 다 다르기에 대다수가 만족하기 어렵다는 점이죠. 자신이 아무리 재미있게 읽은 책이라도 상대에게는 그다지 와닿지 않을 수 있습니다. 베스트셀러도 호불호가 나뉘니까요. 대신 반대로 생각해보는 것도 좋습니다. 다수가 만족하기 어렵다면 적어도 다수가 불만족스러울 부분을 최소화하여 도서 선정 실패 확률을 줄이는 겁니다. 대신 한 가지 알아둬야 하는 점은 읽는 관점에서 좋은 도서와 모임하기에 좋은 도서가 늘 같지는 않다는 것입니다.

도서 선정 실패 확률 줄이는 법

모임의 특성에 따라 책의 범주를 좁힐 수 있습니다. 문학 모임이면 문학책, 역사 모임이면 역사책입니다. 그런데 특별한 주제가 없는 종합 모임은 이에 해당사항이 없죠. 그렇다고 무작위로 책을 배열하는 건 그다지 권장하지 않습니다. 참가자의 호기심을 끌면서도 모임의 정체성을 만들기 위해서는 일정 틀을 가져가는 게 좋습니다. 예를 들어 문학-비문학-문학-비문학 순으로 도서를 선정하면 특정 주제에 묶이지는 않되 하나의 패턴을 가져갈 수 있죠. 혹은 '현실과 이상', '과거와 현재', '삶과 죽음', '내면과 외면' 등 추상적인 가상의 주제를 들어 그에 걸맞은 도서를 선정해도 좋습니다.

조금 더 방향을 좁혀 보겠습니다. 성인의 연간 평균 독서량은 한 달에 한 권이 안 됩니다. 어떠한 외부 요인이 아니라면 한 달에 300페이지 전후의 도서를 읽기 힘들다는 의미이기도 합니다. 독서모임이 완독을 유도하는 특성을 가지지만, 이 또한 자신의 의지가 발현되지 않으면 달성하기란 어렵습니다. 그런 점에서 400페이지 이상의 책은 한 번쯤 고려할 만합니다. 책을 소화하는 습관이 되지 않은 다수의 독자는 한 달에 400페이지 이상의 책을 완독하는 것에 거부감을 느낄 수밖에 없습니다. 아무리 좋은 책이라 할지라도 읽어야 좋은 책임을 판단할 수 있습니다. 책의 두께가 두꺼우면 책을 펼치는 것부터 머뭇거림을 불러일으키는 요인이 되며, 기간 내에 읽어야 한다는 압박 때문에 오히려 제대로 읽지 못하는 결과를 불러일으키기도 하죠. 기한 내에 완독하지 못하면 자연스럽게 모임의 불참으로 이어집니다.

저자의 의도가 너무 선명하게 드러나는 책도 한 번쯤 고려해 볼 만합니다. 옅고 짙고의 차이일 뿐 책에는 저자가 글을 쓴 목적성이 내포됩니다. 목적성이 불분명한 책은 오히려 좋은 책이라 말하기 쉽지 않으며, 모임에서도 다양한 이야기를 나누기 어렵습니다. 그런데 너무 선명한 책도 모임에서 문제를 야기할 확률이 높습니다. 흔히 독서모임 도서 중에 3不로 칭하는 부류가 있습니다. 종교, 정치, 성(性)입니다. 여러 의미에서 이슈가 가장 많은 부류죠. 특히 세 가지 소재를 기반으로 둔 도서 중 저자의 의도가 선명하게 한쪽으로 쏠리는 책은 건강한 토론보다 분란을 일으킬 때가 많았습니다. 일부는 전투라는 표현이 더 적절한 것 같네요. 일부 모임에서는 문제를 사전에 방지하고자 이와 관련한 도서들은 아예 배제하기도 합니다. 진행자의 역량과 참가자의 경청 능력에 따라 이러한 부분을 해소할 수 있으나, 꽤 어려운 일임을 부정하기란 어렵습니다.

절판된 작품도 고려해봐야 합니다. 출판사는 엄연히 비즈니스 단체입니다. 상품으로서 가치가 떨어지거나 출판사의 재정이 원활하지 않으면 아무리 좋은 작품이라도 생산을 중단하여 절판을 진행합니다. 외서의 경우 출판사와의 계약 기간이 끝날 때도 있습니다. 발품을 팔아 절판된 책을 구할 수 있지만, 모임 참가자 모두가 책을 구하기란 어렵죠. 게다가 발품을 팔아 구한다고 해도 현대인에게 그 무엇보다 중요한 시간이란 가치가 생각보다 많이 소비될 수 있습니다.

여기서 중요한 한 가지는 앞서 말한 부분들이 책을 선정할 때 고려해야 하는 부분은 맞지만, 무조건 배제해서는 안 된다는 것입니다. 소위 벽돌책이라 말하는 두꺼운 책들 가운데는 여러 의미에서 좋은 책이 많습니다. 인문학 도서나 장편소설은 400페이지가 기본이기도 하죠. 저자의 에고가 강하거나 분란을 불러일으킬 것 같은 부류의 책을 읽어내고 이야기 나누는 것도 엄연한 독서모임의 역할입니다.

성숙한 토론문화는 건강한 사회를 만드는 기틀이 되죠. 진행자의 역량과 참가자의 태도에 따라 이러한 부분이 더욱 더 모임을 빛나게 만들 수 있습니다. 대신 사전에 모임 안내를 확실히 하여 참가자의 부담을 최소화하는 노력이 필요합니다. 절판의 경우에도 책을 구하기는 힘들 수 있어도, 구하기만 한다면 시간을 들인 이상으로 책과 모임이 더욱 가치를 발할 수 있습니다.

한 모임에서 선정된 정미경의 『발칸의 장미를 내게 주었네』가 그러했습니다. 온·오프라인 서점에서 절판되어 보수동 서점을 한 바퀴 돌고 나서야 손에 쥘 수 있었죠. 책 자체가 좋기도 했지만, 어렵게 구한 책이니만큼 문장 하나하나가 눈에 더 들어오는 느낌이었습니다. 모임은 자연스럽게 긍정적인 분위기로 이어질 수밖에 없었습니다. 이러한 부분을 두고 2020년 원북원 부산 도서 『오전을 사는 이들에게 오후도 미래다』 저자인 이국환 작가는 말합니다. "독서의 즐거움과 성취감은 흥미로운 책이나 독자를 위로하거나 독려하는 자기계발서보다 다소 어려워도 도전할 만한 가치가 있는 책을 읽을 때 커진다."

지정 도서를 선정할 때 출판사를 달리하면 조금 색다른 모임이 되기도 합니다. 유명 외국 작품은 출판사마다 번역가를 달리하여 출간할 때가 있습니다. 출판사를 달리하면 당일 모임에서 좋아하는 구절을 찾는데 서로 맞춰봐야 하는 번거로움이 있지만, 출판사와 번역가의 성향에 따라 같은 책을 보더라도 여러 방향에서 책의 매력을 발견할 수 있죠. 대표적으로 알베르 카뮈의 『이방인』을 들 수 있습니다. 이 작품을 번역 출간한 출판사만 해도 민음사, 새움, 을유문화사, 더클래식, 열린책들이 있습니다. 다른 예로 올더스 헉슬리의 『멋진 신세계』는 일반적으로 문예출판사와 소담출판사가 양분하는데, 두 번역가의 스타일이 완전히 달라서 모임에서 이러한 부분을 이야기 나누는 것도 좋습니다.

지정 도서 선정방식

지정 도서를 선정하는 방식은 크게 두 가지를 들 수 있습니다. 한 가지는 모임을 진행하는 사람이 직접 도서를 선정하는 방식입니다. 선정 도서는 그 모임의 정체성과도 연관되어 있으며, 도서 선정자는 그만큼 모임에 애정을 쏟음으로써 모임의 질을 강화하는 데 긍정적인 영향을 미칩니다. 참가자 입장에서는 모임에서 어떠한 책을 두고 이야기 나눌지 미리 알기에 책이 마음에 들거나 호기심이 생기면 모임을 신청하는 데 거리낌이 없죠. 반면 선정자의 독서 범주가 편향되어 있으면 참가자가 신청에 머뭇거릴 뿐 아니라 모임 시에도 참가자들의 다양한 생각이 펼쳐지지 않을 수 있습니다.

　다른 한 가지는 참가자의 합의하에 도서를 선정하는 방식입니다. 참가자 선정 도서가 좋은 도서가 될 확률을 높이려면 비블리오 배틀의 형식을 빌려오면 좋습니다. 2007년 일본 교토대에서 시작한 방식으로, 참가자가 미리 읽고 재미있다고 생각한 책에 관한 줄거리, 감상, 추천 이유 등을 소개하는 겁니다. 도서는 소개를 들은 다른 참가자들의 다수 투표로 선정됩니다. 조금 더 좋은 도서를 선정하고 싶다면 상위 2~3권을 뽑고, 그중에 최종 1권을 선정해도 됩니다. 이러한 방식에도 장단점이 존재하는데요, 참가자의 의견과 결정에 따라 선정된 도서이기에 도서에 대한 애정이 발생하며, 다양한 색의 책을 접할 수 있습니다. 책을 추천한 사람은 정해진 시간에 한 권의 책에 담긴 정보를 압축해 전달하는 소통 능력을 길러주기도 하죠. 다만 참가자들의 모임 만족도에 편차가 발생할 확률이 조금 더 높기도 합니다.

　둘의 합의점을 찾는 것도 좋은 방법입니다. 총 회차의 절반은 한 사람이 미리 선정하고, 나머지 절반은 참가자의 투표에 의해 선정하는 것이죠. 분류된 그룹끼리 색을 잘 이어줘야 하는 부분이 있으나, 진행자의 능력에 따라 충분히 해결할 수 있을 것입니다.

대신 선정 방식과 상관없이 도서를 추천한 사람은 이미 그 책을 완독한 상태여야 합니다. 읽지 않은 책이라도 다수에게 좋은 책이라 판단되어 모임 때 대화가 잘 이뤄지기도 합니다. 그러나 그동안의 경험상 그렇지 않은 경우가 더 많았습니다. 책을 추천한 사람이 추천하던 시기에 읽지 못했다면, 모임 전까지 재독은 고사하고 완독한다는 보장도 없죠. 그러한 모임은 대부분 경로를 이탈하며, 심지어 모임 자체가 진행되지 않을 수 있습니다. 다른 사람은 모두 책을 재미있게 읽었는데, 책을 권한 자신만 책에 관해 실망했다면 모임 자체의 분위기가 가라앉을 때도 있습니다.

한 번은 유명 작가의 책으로 모임을 했는데, 책을 권한 사람은 작가에 대한 실망으로 가득했다는 표현으로 의견을 이어갔습니다. 발문도 문체와 내용을 '비난'하는 내용으로 준비되었죠. 이에 대한 동의와 반박의 형태로 모임은 이어졌지만, 생각의 다양성과는 일정 거리가 존재했습니다.

지정 도서가 아닌 자유 도서의 형태도 좋은 모임으로 이끌 수 있습니다. 예를 들어 자신의 인생 책, 사랑과 관련된 책, 어린 시절을 떠올리는 책 등 일정 주제와 관련된 각자의 추천 도서를 가지고 모임을 진행하죠. 진행방식은 여러 가지가 있지만, 대표적으로 책을 추천하는 형식을 기반으로 책의 간단한 리뷰와 현장 질의 등으로 모임을 이끌 수 있습니다.

자유 도서 모임은 다양한 책을 만날 수 있다는 이점이 있습니다. 한 예로 박민규의 『죽은 왕녀를 위한 파반느』를 들 수 있는데요, 저는 평소에 연애 소설 부류의 도서를 거의 읽지 않았습니다. 그런데 모임에 참가한 30대 남성 한 분이 이 책을 소개하며 "이 책을 읽고 많이 울었고, 위로받았습니다. 제게는 단 한 권의 인생책입니다."라고 말했죠. 그분의 진심 어린 말 때문이었을까요. 기존에 가졌던 편견이 녹아버려서인지 다음 날 책을 구매하여 잠을 줄여가며 완독했습니다. 작가의 독특한 문체, 서사의 몰입방식, 스토리의 구체성 등에 매료되어 그 후로 타인에게 수없이 추천하는 작품이 되었죠.

대신 자유 도서 모임은 진행자의 역량이 많이 드러납니다. 발문과 같은 정해진 틀 없이 모임을 진행해야 하기에 생각보다 에너지 소모가 심하죠. 그러나 이러한 부분은 진행자가 일정 횟수 이상으로 모임을 경험하면 충분히 보완할 수 있습니다.

방식에 상관없이 선정된 도서가 흔히 말하는 '좋은 도서'라면 좋은 모임으로 이어질 가능성이 상당히 큽니다. 그런데 공통으로 재미없다고 여긴 책을 두고 이야기 나누는 것도 독서모임의 묘미가 아닐까 합니다. 그 과정에서 한 번 읽었을 때 발견하지 못한 책의 숨겨진 매력을 발견할 수 있으며, 자연스럽게 사고의 확장으로 이어질 수 있죠. 책의 가치를 넘어 독서모임의 가치도 새롭게 발견할 수 있습니다.

완독의 필요성
책을 꼭 다 읽고 와야 하나요?

종종 모임 전날에 참가자들에게 문자를 받을 때가 있습니다. 가끔은 모임이 끝난 후 사전에 연락 없이 불참한 사람에게도 문자를 받죠. 뒤따라오는 내용은 달라도 처음의 시작은 대부분 이러합니다.

'바빠서 책을 다 못 읽었어요.'

사람들은 각자 바쁜 삶을 살아갑니다. 그렇기에 페이지 수와 상관없이 모임 전까지 책을 읽지 않는 경우가 자주 발생하죠. 별도의 통계에 기반을 두진 않았으나, 그동안의 경험상 참가자 다섯 명 중 한 명은 모임 일주일 전까지 책을 다 읽고, 세 명은 모임 하루 이틀 전에 책을 완독하며, 나머지 한 명을 책을 다 읽지 않고 참가하거나 불참을 선택합니다. 어쩌면 자연스러운 현상인지도 모릅니다. 한 달 내에 책한 권쯤은 쉽사리 완독한다면 우리나라 연간 독서량은 감소세에서 증가추세로 전환할 겁니다. 더는 책을 읽지 않는 현대인이란 말을 듣지 않아도 될 테니까요. 한 달에 십여 권씩 읽는 특정 소수에겐 이해하기 어려운 상황이지만, 현재 우리에게 벌어진 명백한 사실이죠.

모임 커리큘럼 및 진행방식에 따라 책을 읽지 않거나, 일부만 읽어 오거나, 그 자리에서 함께 읽는 등의 다양한 모임 방식이 존재합니다. 그런데 일반적인 독서모임 형태를 띠고 있다면 모임 전까지 '가능하면' 책을 다 읽고 와야 합니다. 그러한 이유는 타인을 위해서이며, 자신을 위해서이기도 합니다.

일상이 바빠도 완독해야 하는 이유

1980년대를 배경으로 한 외국 소설을 두고 이야기하는 자리였습니다. 조금 특별한 점이라면 그 소설을 번역한 분을 모신 자리였죠. 그 소설의 역자와 함께 모임을 진행하는 경우는 흔치 않습니다. 우리가 외서를 직접 해석하며 읽지 않는 이상 작품에 담긴 외국 작가의 의도를 정확히 판단하기란 어렵습니다. 그러한 의도를 독자에게 유연하게 전달하는 과정이 번역가의 일이죠. 번역가는 그 누구보다 그 작품을 이해하려 노력하는 사람이므로 역자와 함께하는 모임은 소설의 진가를 더욱 깊게 받아들일 수 있죠. 그만큼 신청 마감이 빨랐으며, 참가자들의 기대도 컸습니다.

참가자 열 명 중에 두 명이 책을 읽지 않고 모임에 참가했습니다. 그중 한 명은 대화에 거의 참여하지 않고 경청에 집중했죠. 말하는 행위를 좋아하지 않는다기보다는 책을 중심으로 이루어지는 대화 흐름에 마땅히 낄 자리가 없다고 생각한 듯 보였습니다. 반면에 다른 한 명은 대화를 주도했습니다. 다만, 대화 주제가 책이 아닌 소설의 배경이 되는 지역에 관해서였죠. 자신이 일정 기간 머물렀음을 밝히며 그 나라의 역사와 문화를 더해 이야기했습니다. 소설의 배경지식을 생동감 있게 만들었다는 데서 긍정적인 부분으로 볼 수 있습니다. 하지만 시간이 갈수록 대화의 본질이 흐려지고 있음을 대부분의 사람들이 알아채고 있었습니다. 다행히도 강물이 역류하기 전에 진행자가 그 참가자에게 양해를 구했죠. 그의 이야기는 일단락되었고, 그 이후 그는 말을 아꼈습니다.

한 모임을 예로 들었을 뿐 이러한 경우는 꽤 많다고 볼 수 있습니다. 단언컨대 책을 읽지 않은 사람이 많을수록 모임의 흐름은 부자연스럽게 이어질 수밖에 없습니다.

완독과 관련하여 주의해야 할 한 가지는 수십 년 전에 읽은 기억의 편린으로 모임에 참가하는 겁니다. 특히 고전으로 모임을 진행할 때 이런 경우가 많았는데요. 학창시절에 『나의 라임오렌지나무』, 『데미안』, 『호밀밭의 파수꾼』

등을 읽었다고 해서 그 당시의 기억이 현재까지 온전히 남아 있다고 보장할 수 없습니다. 얼핏 드러나는 기억들로 대화를 이어나갈 수 있으나, 내뱉는 문장마다 신뢰가 부족할 뿐이죠. 이 또한 모임의 흐름에 영향을 미치게 됩니다. 한번 깨진 흐름은 진행자의 역량과 참가자들의 태도에 따라 다시 정상 경로로 돌릴 수 있으나, 늘 그렇듯 예방이 최선의 노력입니다.

책을 읽지 않고 참가하는 건 타인뿐 아니라 자신에게도 영향을 미칩니다. 모임 전부터 뭔가 모를 찝찝함이 있습니다. 진행자가 준비한 발문과 그 외의 대화들에 원활하게 대처하기가 쉽지 않음을 스스로 잘 알고 있기 때문이죠. 인터넷 정보를 통해 책에 관해 어느 정도 이해함으로써 대화에 참여할 수는 있으나, 엄연한 한계가 존재하죠. 모임에 집중도 제대로 되지 않고, 타인의 목소리도 귀에 잘 담기지 않습니다. 모임에 집중하지 못하면 눈꺼풀도 무거워져 뜻하지 않게 눈이 감기기도 하죠. 그저 모임이 빨리 끝나길 바랄 뿐입니다.

저도 책을 다 읽지 않은 채 모임에 참가한 적이 몇 번 있습니다. 한 번은 철학책 모임이었는데요. 학창시절에 선생님이 제게 질문하지 않길 바라는 마음과 크게 다르지 않았습니다. 하지만 진행자는 자신이 맡은 역할에 따라 말을 적게 한 사람에게 대화를 유도하죠. 그분은 진행자로서의 책임감이 막중해서였는지는 몰라도 집요하게 발언 기회를 제게 건넸습니다. 저는 대충 책과 관련되었다고 '생각하는' 이야기를 얼버무린 채 시계만 계속 바라봤습니다. 그런데 왜 그런지는 몰라도 모임이 끝난 후 책을 안 읽은 제가 아닌 제게 계속 말을 시켰던 진행자에게 짜증이 났습니다. 그는 단지 자신이 맡은 역할에 충실했을 뿐인데 말이죠.

책을 읽고 오게 하는 방법

참가자가 책을 읽고 오게 하려면 모임 전에 글쓰기를 활용하면 좋습니다. 모임 며칠 전까지 책을 읽고 느낀 부분을 작성하는 겁니다. 북텐츠는 모임 이틀 전까지 일정 분량의 독서감상문을 홈페이지에 작성해야 하죠. 참가자는 책을 읽고 글을 쓰며 사유의 시간을 가지며, 운영자는 참가에 있어서 최소한의 의무를 두는 겁니다. 글이라고 하여 거창한 무언가를 말하지 않습니다. 그저 책을 읽고 느낀 감상 정도면 충분하죠. 분량이 많지 않아도 괜찮습니다. 대신 모임을 신청할 때부터 이 부분에 대해 명시하고, 신청 후에도 다시 한 번 언급할 필요가 있습니다. 단체의 특성에 따라 글을 작성하지 않으면 참가비를 지불했어도 참가 자체를 허용하지 않는 곳도 있습니다.

이러한 부분을 충분히 알고 있음에도 모임 전까지 책을 완독하지 못해 기한 내에 글을 작성하지 못하기도 합니다. 처음부터 참석 의지가 없다면 별다른 반응이 없습니다. 대신 의지가 있다면 작성 유예기간을 참가자가 먼저 요청하죠. 이럴 때면 운영자로서 결정의 갈림길에 서기도 합니다. 작은 구멍이 큰 둑을 무너뜨리듯이 작은 규칙 위반이 시스템의 붕괴를 유도하기도 합니다. 실제로 독서감상문의 유예기간이 적용된 사람은 계속해서 그러한 부분이 반복될 때가 많습니다. 그렇다고 무 자르듯 단호하게 거절하긴 어렵죠. 참가자들에게 감상문을 작성시키는 데는 참가자들의 참가 태도에 따른 모임 만족도가 더 높았으면 하는 바람이 크기 때문입니다. 그래서인지는 몰라도 당일 모임 새벽에 올라온 글을 보면 감사한 마음이 들기도 합니다.

앞서 이야기했듯 프로그램의 특성에 따라 책을 읽지 않아도 되는 모임도 있습니다. 책을 읽고 오는 부담을 최소화하려는 방책으로 볼 수 있죠. 당일 정해진 분량을 묵독 및 낭독으로 나눠서 읽은 후 책에 관한 이야기를 진행하기도 합니다. 또 진행자가 책과 관련한 내용을 브리핑 형태로 준비하여 책에 관한 여러 지식을 참가자들에게 들려준 후 대화를 이어가기도 하죠. 다만, 이러한 방식으로 꾸준히 모임을 끌고 가기에는 여러모로 어려움이 존재하는 게 사실입니다.

　한 달에 한 권 읽기가 쉽다고 말할 수는 없습니다. 느림의 미학인 독서는 현대인에게 여러모로 힘든 행위이죠. 그렇다고 해서 구렁이 담 넘어가듯 '한 번쯤은 괜찮겠지'라는 마음으로 책을 읽지 않고 참가하기 시작하면 문제가 생깁니다. 모임의 만족도는 물론이고 모임의 지속성에도 부정적인 영향을 끼치게 되죠. 옛말에 어느 목적지든 쉬운 길은 없다고 했습니다. 책을 완독하는 게 쉬운 길은 아닐지라도, 올바른 목적지로 향하기 위해 기본으로 담아둬야 하는 태도입니다.

발제와 발문의 중요성
발제와 발문은 꼭 있어야 하나요?

모임 때 이야기 나눌 도서가 선정되었다면, 책에서 무엇을 이야기 나눌지 준비해야 하죠. 이를 두고 발제를 준비한다고 합니다. 발제(發題)란 어떤 주제를 맡아 조사하고 발표하는 것을 말합니다. 독서모임에서는 책 내용 요약, 관련 배경지식, 책과 연관된 발문 등을 포함하며 모임의 뼈대와 같은 역할을 합니다. 대화 중에 곁가지로 이야기가 흩어지더라도 뼈대가 굳건하면 언제든 대화의 중심으로 다시 돌아올 수 있습니다.

발제가 없어도 모임은 진행이 가능합니다. 자유 도서 모임이 아닌 지정 도서 모임일지라도 단순 감상과 사담을 위주로 충분히 모임을 이끌어갈 수 있죠. 다만 모임 시간을 밀도 있게 활용하기란 여간 벅찬 일이 아닙니다. 억지로 끌고 나가려 하면 차후에는 길을 잃어버릴지도 모릅니다. 그러다 보면 할 이야기는 다 떨어진 채 느리게 흐르는 애꿎은 시간만 탓하게 되죠.

특히 발문(發問)은 발제에서 아주 중요합니다. 발문은 다양한 답을 생각해볼 수 있도록 유도하는 질문기법의 하나입니다. 자신이 모르는 것을 아는 사람에게 물어보는 '질문'과는 일정 차이점이 존재하죠. 발문의 주요 목적은 참가자의 능동적인 활동과 적극적인 사고를 유발하는 데 있습니다. 발제라는 부분이 거창하고 부담스럽게 느껴진다면 발문만 준비해도 크게 상관이 없습니다. 책에서 발문을 꺼내는 것조차 쉬운 일은 아니나 발제보다는 시간이 덜 들어가는 게 사실이니까요. 여러 의미에서 발문이 부족하다고 해도 모임을 진행할 수 있으나, 발문이 좋다면 운영자건 참가자건 전체적으로 모임의 만족도가 높습니다. 참가자간의 상호 문답을 통해서 스스로 탐구하는 능력을 키우고 배우는 방법을 습득하게 되죠.

작가는 한 편의 책을 쓰기 위해 보통 1년이라는 시간과 노력을 들입니다. 즉 1권의 책에는 한 사람이 지닌 최소 1년의 지식과 경험이 담겨 있죠. 단순 수치로 봤을 때 1년을 3시간 이내에 이야기하기란 불가능에 가깝습니다. 그나마 독자가 저자의 1년이란 시간에 가장 가까이 다가갈 수 있도록 하는 게 발제와 발문의 힘이죠.

발제가 제대로 되었다는 건 발제를 준비한 사람인 발제

자이자 진행자가 꽤 많은 에너지를 쏟았다는 의미로 볼 수 있습니다. 그것이 발문으로 자연스럽게 이어진다면 더 많은 에너지를 쏟았을 확률이 높습니다. 모임 시작 전에 준비가 탄탄한 모임은 급작스러운 변수가 없는 한 운영자건 참가자건 모임 만족도가 상당히 높을 수밖에 없습니다.

좋은 발문 준비하기

발문을 선정하는 방식은 크게 호스트 발문과 참가자 발문으로 나눌 수 있습니다. 호스트 발문은 모임을 이끄는 사람이나 진행자 혹은 선정 도서를 추천한 사람을 의미하는 호스트가 만드는 발문의 형태입니다. 발문 수의 기준은 모임 시간 및 참가자 수에 따라 달라지는데요, 평균 모임시간인 2~3시간을 기준으로 3~4개의 발문이 적절합니다. 발문의 수가 많으면 책의 깊이를 제대로 나누지 못하고, 너무 적으면 시간의 늪에서 헛물만 켤 가능성이 크죠.

그런 점에서 좋은 발문을 찾는 노력이 필요합니다. '좋은'의 정해진 기준은 없으나 일련의 범주는 존재하죠. 거시적으로 본다면 토론·토의 거리가 될 수 있는지, 모임이 끝난 후 발문만으로도 참가자들이 작품을 이해하고 공감할 수 있는지 등입니다. 발문은 추상적이기보다는 간단하고 명료해야 하며, 뚜렷한 목적을 가지고 있어야 합니다.

조금 더 세부적으로 본다면, 맥락을 잘 잡아낼 수 있어야 하고(사실적 사고), 객관적 증거에 비추어 인물·사건을 비판적으로 검토할 수 있어야 하며(비판적 사고), 집단적 사고를 통해 현실로의 연결로 이어질 수 있어야 합니다(창의적 사고). 사실적 사고가 부재하면 단순한 수다 형태로 이어질 가능성이 높습니다. 비판적 사고를 검토할 때는 비판의 이름으로 통용되는 비난을 객관적으로 검열해야 합니다. 소설의 경우 창의적 사고가 부재하면 현실과의 연결성이 중단되어 단순히 허구의 잔재로만 남게 되죠. 그렇다고 해서 단계별로 하나씩 꼭 짚어 나가기보다는 셋을 관통할 발문을 찾는 게 중요합니다. 단, 저자가 이 책을 통해 우리에게 무엇을 전하고자 했는지에 관해서 이야기할 수 있는 발문이 하나쯤은 꼭 준비되어야 합니다. 그렇지 않다면 독서모임에서 '독서'는 빠진 채 모임만 남게 될 수 있으니까요.

일련의 틀이 존재해도 좋은 발문을 찾기란 생각보다 쉽지 않습니다. 생각할 거리를 많이 주는 책이라면 이야기 나눌 거리가 너무 많은 것도 문제가 될 수 있죠. 반대로 마땅한 발문이 보이지 않는 책도 존재합니다. 읽기 좋은 책과 읽고 이야기하기 좋은 책이 항상 같지는 않으니까요. 게다가 일정상 책을 급하게 읽거나, 집중해서 읽어내지 못했다면 더욱더 찾기 어렵죠. 그런 점에서 책을 정독하여 발문을 만들어내는 연습을 꾸준히 해야 합니다.

좋은 발문을 찾을 방법으로 재독을 권장합니다. 클로즈 리딩(close reading)의 한 가지 방식으로 책의 내용을 꼼꼼하게 볼 수 있죠. 책을 깨끗하게 읽는 사람이 많습니다. 그런데 적어도 발문을 찾으려 할 때는 책이 지저분해질 수 있다고 마음먹는 게 좋습니다. 책을 읽으며 중요하다 싶은 단어나 문장에 밑줄을 긋고, 문단 자체가 중요하다고 생각하면 책 귀퉁이를 접거나 포스트잇을 붙이면 좋습니다. 그렇게 한 번 완독하고 나서 며칠 뒤 책 전체를 다시 읽었을 때 눈에 들어온 부분이 처음 읽었을 때와 큰 차이가 없다면 그러한 부분을 발문으로 끌어내면 됩니다. 시간상 여유가 없다면 체크해 놓은 부분만 다시 확인 후에 그중에서 뽑아내도 되죠. 우리의 눈과 뇌는 재독하는 그 순간 이미 좋은 발문을 찾을 준비가 되어 있습니다. 이러한 습관이 몸에 밴다면 차후 글쓰기를 할 때도 큰 도움이 되죠. 조금 더 좋은 발문을 찾고 싶다면, 책을 몇 번이고 더 읽어도 괜찮습니다. 그런 책이라면 발문을 만들기 위해서가 아니라도 삶에 긍정적인 영향을 주는 책임을 확신할 수 있으니까요.

모임을 준비하는 데 조금 더 책임감을 가지거나 조금 더 풍성한 모임을 만들고 싶다면 책과 관련한 기사, 저자 인터뷰, 유튜브 등을 둘러보며 책과 관련된 배경지식의 일부를 참고해도 괜찮다고 봅니다. 한편으론 발문이 발제자의 지식과 경험의 범위 내에서 이루어져야 한다고 하지만, 모임의 전체적인 질을 위해서는 고려해볼 필요성이 있습니다. 다만, 정보과다로 초기 목적지의 방향성을 잃을 수 있으니, 참고의 개념으로만 접근하는 게 좋습니다.

발문이 완성되면 참가자들에게 미리 전달하거나, 모임 때 이야기할 수 있는데요. 전자는 참가자들이 발문과 관련하여 미리 생각의 집을 만들어옴으로써 모임에서 더 풍성한 이야기를 나눌 수 있게 하죠. 다만 이러한 점이 사고의 벽을 미리 만들어버리기도 합니다. 후자는 참가자들의 창의성과 배경지식을 최대한 끌어내는 이점이 있습니다. 대신 대화에 소극적이거나 생각에 많은 시간을 들이는 사람에게는 효과적이지 못할 수 있습니다.

참가자 발문이 의미있는 이유

호스트 발문에는 한계점이 존재합니다. 호스트의 질문은 참가자를 수동적으로 만드는 부분이 있습니다. 호스트가 책을 오독하거나, 발문의 범주가 편향적으로 쏠린다면 참가자의 생각은 시작부터 막히는 경향이 있죠. 그런 점에서 대체재로 볼 수 있는 형태가 참가자 발문입니다. 참가자들이 책을 읽고 든 생각 중에 참가자들과 함께 이야기 나누고 싶은 부분을 질문 형태로 꺼내는 겁니다. 참가자들은 앞서 말한 단계에 해당하는 의문뿐 아니라 작가가 작품에 숨겨놓은 수많은 복선, 인물의 심리변화, 표지의 색감, 번역자의 약력 등 책을 읽으며 궁금했던 다양한 이야기를 보따리 풀 듯이 꺼낼 수 있습니다.

이 방식은 각 참가자의 만족도가 올라갈 확률이 높습니다. 호스트 발문이 자신이 궁금한 부분과 맞물리지 않거나, 그다지 중요하지 않은 발문이라고 생각하면 참가자는 모임 자체에 불만족을 느끼게 되죠. 하지만 독자가 스스로 생성하는 질문은 상대적으로 주체적이고 능동적일 수밖에 없습니다. 적어도 자신이 궁금한 것을 해결한다는 것만으로도 만족도의 일정 퍼센트를 차지할 수 있죠. 어찌 보면 자신의 궁금증을 해결할 수 있다는 점에서 발문보다 질문에 가까워 보이기도 합니다.

두 방식 중 적당한 방식을 모임의 정체성에 맞춰서 유연하게 사용하면 됩니다. 다만 기존 모임에서 상대적으로 참가자 발문이 선호되지 않는 것은 외부적 환경과 내부적인 부담이 영향을 미치기 때문입니다. 참가자 발문은 인당 발문으로 적용되기에 발문의 수가 참가 인원과 비례하는 편입니다. 10명 전후의 인원이라면 한정된 시간상 발문 수에 맞춰 이야기를 다 나누긴 힘들죠. 단순 질의응답 형태로 모임이 진행될 수 있으나, 하나의 텍스트를 두고 깊은 이야기를 나눈다고 말하기는 어렵습니다.

물론 비슷한 발문끼리 묶어 발문의 수를 줄이거나 인원 수가 적은 모임에서는 발문의 수가 적은 만큼 이러한 외부적 문제가 줄어들 수 있습니다. 그러나 참가자 발문은 발문의 범주가 상당히 넓으며 발문 순서상 맥락이 거의 존재하지 않습니다. 모임 진행자는 참가자의 발문을 바탕으로 맥락에 맞게 순서를 배열하거나, 비슷한 맥락은 더하거나 빼는 등 빠르게 재구성할 필요가 있죠. 여기에 더해 원활한 진행을 위해서는 책의 전체 맥락을 이해하고, 세부적인 내용까지 전반적으로 인지되어야 합니다. 그런 상황에서 모임이 원활하게 흘러가도록 발언권 등 진행에도 신경을 써야 하죠. 즉 전문적으로 모임 진행을 오랫동안 했거나, 독서 관련 전공자가 아니라면 이러한 행위가 부담으로 다가올 수밖에 없습니다. 진행자의 역량이 선명하게 드러나는 만큼 참가자의 만족도에도 영향을 미치게 되죠. 그런데 이는 달리 말해 진행자의 역량을 빠르게 올리는 방법이기도 합니다.

모든 현상에는 양면이 존재하는 법이니, 각 모임의 특징에 맞춰서 발문 선정 방법을 선택하면 됩니다.

호스트의 역할
호스트는 어떠한 역할을 하나요?

영어 단어 호스트(host)는 손님을 접대하는 주인, 행사의 주최자 및 진행자 등으로 해석합니다. 독서모임에서는 통상적으로 진행자, 사회자 등으로 불리죠. 호스트는 각 모임을 운영하는 사람이 일괄적으로 맡기도 하지만, 가끔은 도서를 추천한 참가자가 맡기도 합니다. 호스트는 독서모임에서 도서, 발문과 더불어 모임 만족도에 직접 관여하는 요인으로 볼 수 있습니다.

호스트로서 특별한 자질은 없어도 된다고 생각합니다. 대신 심할 정도로 낯을 가리지 않으면서도 생각의 다양성을 인정하고 받아들일 줄 아는 사람이며, 경청과 배려를 통해 모임을 유연하게 이끌고 갈 수 있는 사람이어야 합니다. 추가로 일정 이상의 독서 경력이 있거나, 모임별 주제에 맞는 일련의 전문성을 가진다면 모임의 양질이 풍성해질 확률이 높습니다. 단, 전문성에는 주의해야 할 부분이 있습니다. 강의 형태의 커리큘럼이 아니라면 호스트는 전문성을 뽐내지 않고 품고 있어야 합니다. 독서모임은 특정 한 사람이 아닌 참가자 간의 생각을 교류하는 자리입니다. 전문가의 생각이 발문에 대한 조금 더 옳은 방향을 제시할 수는 있으나, 독서모임에서는 옳고 그름보다 다양한 생각을 공유하는 것을 지향합니다.

호스트의 역할은 크게 발제와 모임 진행으로 나뉘는데요, 호스트의 부담을 줄이려면 발제보다는 발문을 준비한다는 개념으로 접근하면 좋습니다. 호스트가 준비해 온 발문이 여러 의미에서 부족하다고 해도 모임을 진행할 수 있으나, 발문이 좋다면 참가자들의 만족도는 더 높아질 겁니다. 물론 좋은 발문을 준비하는 건 쉽지 않습니다. 책을 읽어내는 시간보다 발문을 준비하는 데 더 많은 시간이 필요할지도 모르니까요. 호스트가 책을 온전히 읽어내지 못하면, 발문의 힘은 미약해질 수밖에 없습니다. 따라서 일련의 노력이 더해져야 하는 이유는 시간과 돈을 들인 참가자들에 대한 진행자로서의 의무이자, 모임을 이끄는 사람으로서의 책임감 때문입니다.

라포르 형성을 위한 노력

발제 혹은 발문이 준비되면 진행을 향해서 키를 잡아야

합니다. 모임 진행에서 호스트가 중점으로 둬야 할 두 가지는 라포르 형성과 참가자 발언권의 배분 및 차단입니다. 라포르(rapport)란 신뢰와 친근감으로 이루어진 인간관계를 의미합니다. 참가자들이 서로 간의 라포르가 형성되면 마음의 문을 연 상태에서 상대적으로 편안하게 이야기를 하게 되죠. 모임 시간이 한정된 만큼 라포르가 빠르고 잘 형성될수록 모임 진행뿐 아니라 참가자 만족도에 긍정적인 영향을 끼칠 수 있습니다.

어느 모임이든 첫 시작은 꽤 어색한 분위기로 시작합니다. 나이대 및 직업군도 천차만별인 데다, 독서모임을 처음 하는 사람이라면 책을 두고 어떠한 이야기를 할 수 있을지도 걱정이죠. 호스트가 초반에 분위기를 자연스럽게 살리는 방향으로 가지 않으면 모임 시간 내내 어색한 분위기가 이어질 수 있습니다.

모임 초반 라포르 형성에 가장 효과적인 방법은 아이스 브레이킹입니다. 두꺼운 얼음을 깬다는 의미로 모임 분위기를 환기시키는 역할을 하죠. 저는 호스트로서 당일 쏟을 에너지가 100이라면 아이스 브레이킹에 50은 쓴다고 가정하고 행동하는 편입니다. 모임 초반에 얼음을 어느 정도 깨뜨려놓지 않으면 뒤로 갈수록 얼음을 깨는 데 에너지 소모가 심하기 때문이죠. 미국도서관협회(ALA)의 독서모임 가이드라인에 따르면 2시간~2시간 30분의 시간 중 아이스 브레이킹 형식의 사담에 30분 이상의 시간을 쏟으라고 명시되어 있습니다. 별다른 변수가 없다면 아이스 브레이킹만 잘 되어도 모임은 충분히 좋은 방향으로 이끌 수 있습니다.

아이스 브레이킹의 가장 대중적인 방식은 모임의 정석으로 알려진 자기소개죠. 호스트가 먼저 나서면 좋습니다. 어떠한 자리에서 자기소개를 안 해본 사람은 거의 없지만, 언제나 그렇듯 처음은 늘 어색하고 부담스럽죠. 특히 처음 보는 사람들과 책을 두고 이야기 나누는 모임이라면 더욱더 그렇습니다. 물이 위에서 아래로 흐르듯 첫 사람의 자기소개 방식이 끝까지 이어질 때가 많습니다. 나이, 직업, 자산 등의 개인정보는 최소화하는 게 좋습니다. 스스로 이야기하는 건 말리지 않더라도 최소한 상대에게 묻지 않는 선을 말합니다. 책을 읽고 편하게 이야기 나누고 싶다면 상대에 대한 편견에서 멀어지는 게 필요하죠. 똑같은 발언일지라도 대학교 신입생과 흔히 '사' 자 직업을 가진 사람의 발언에는 무게가 달라지는 경향이 있습니다. 심리학에서 말하는 후광 효과 혹은 권위 효과의 일종으로 볼 수 있죠.

레크리에이션에서 종종 사용하는 카드를 활용해도 좋습니다. 취미, 최근에 본 영화, 무인도에 가져갈 것 세 가지

등 가볍게 가십으로 이야기 나눌 내용이 적힌 카드를 한 장
씩 뽑은 후 그에 관한 답을 이야기하는 거죠. 저는 뜬금없
이 박수를 요청하기도 합니다. 예를 들어 "비 오는 수요일
이네요. 특별한 날이니 박수 한 번 치고 시작할까요?"라고
말이죠. 몇몇은 어이없는 표정을 짓지만, 대부분 박수를 치
죠. 그러면 몇몇 얼굴에는 미소와 웃음이 담기는 걸 볼 수
있습니다. 그 순간 비 오는 수요일은 정말 특별할 날이 될
수 있어요.

호스트의 진심을 꺼내도 좋습니다. 호스트가 처음이라
면 긴장하는 모습이 의도치 않게 밖으로 다 드러나기도 하
는데요, 차라리 처음부터 "제가 처음으로 호스트를 맡게 되
었습니다. 다행인 점은 여기 계신 분들이 제 부족한 부분도
잘 이해해주실 것 같습니다. 부족하지만 최선을 다하겠습
니다."와 같이 진심을 이야기하면 됩니다. 우리나라 정서상
그런 이야기를 듣고 붉으락푸르락하며 화내는 사람은 많
지 않으니까요.

심리학 책인 최광현의 『가족의 두 얼굴』을 주제로 하는
모임이었습니다. 제가 호스트로서 처음은 아니었지만, 그
날따라 왠지 긴장되었죠. 『가족의 두 얼굴』은 2013년 원북
원 부산 도서로 선정될 만큼 좋은 책이지만, 완독 후 가장
먼저 든 생각은 '큰일 났다'였습니다. 제가 읽고 선정한 책

이 아니라 지난 모임 때 다른 분이 추천한 도서였는데, 그분이 모임에 빠져서 제가 대신 호스트를 하게 되었죠. 가족과의 관계가 중심인 책인 만큼 각자의 가족 이야기를 꺼낼 수밖에 없었습니다. 게다가 대화를 꺼내기에는 좋지 않은 환경이었습니다. 스터디룸 형태의 카페였는데, 사람이 가득 찬 공간의 중간 홀에 생애 처음 보는 10명이 앉은 겁니다. 독서모임은 일정 소음이 발생할 수밖에 없는데, 주변은 고요했죠. 모임 공간 선정에 문제가 발생한 겁니다. 저는 모임을 시작할 때 먼저 이런 말을 내뱉었습니다.

"먼저 양해의 말씀을 한 가지 구하고자 합니다. 선정 도서를 읽어보셔서 알겠지만, 대화 중에 자신의 가족 이야기를 꺼내야 하는 부분이 있을 수 있습니다. 저는 일단 조심스럽지만 꺼내보려 합니다. 그러나 처음 보는 사람들 앞에서 그러한 부분을 드러내고 싶지 않으시다면 말씀하지 않으셔도 괜찮습니다. 마음이 내키는 대로 하시면 됩니다."

진솔함 때문이었는지는 몰라도 참가자들은 처음 보는 사람들 앞에서도 자기 가족 이야기를 하나둘씩 꺼내었습니다. 3시간 동안 누군가의 이야기에 웃기도 하고, 눈시울이 뜨거워지기도 했죠. 참가자들은 처음 보는 타인의 시선을 거부하지 않은 채 있는 그대로 받아들였고, 모임에도 자연스럽게 녹아들었습니다. 덕분에 그들과 꽤 긴 시간 동안 모임을 함께하며 편하고 재미있는 시간을 가졌습니다.

첫 모임이 아니라면 질문 형태로 지난 일상을 물어가며 가벼운 대화를 시작하면 됩니다. 참가자의 대화를 조금 더 끌어내기 위해서는 "잘 지내셨어요?"가 아닌 "어떻게 지내셨어요?" 같은 형태가 좋습니다. 대답의 영역이 확장되면서도 깊게 나올 수 있습니다.

본격적으로 진행하기

모임 내 일정 분위기가 만들어지면 호스트가 할 일은 대폭 줄어듭니다. 그때부터 모임을 활성화하는 주체는 호스트가 아닌 참가자들 각자의 몫이 더 크기 때문이죠. 호스트는 정해진 시간 내에 참가자들의 발언이 적절하게 배분될 수 있도록 노력해야 합니다. 경청을 위해 독서모임에 온다는 사람들조차도 말을 하고 싶은 인간 본연의 욕구가 있습니다. 발언 시간을 적확하게 나누기보다는 흐름에 맞춰서 균형 있게 배분하는 식으로 접근하면 됩니다. 참가자 간의 대화에 집중만 흐트러지지 않는다면 충분히 해낼 수 있는 영역입니다. 가끔 그 순간이 어색하거나 부담스러운 참가자들이 본능적으로 다른 참가자가 아닌 호스트를 바라볼 때가 있습니다. 그 자리에서 유일한 자신의 편으로 여기는 거죠. 그럴 때 당신의 이야기에 귀를 기울이고 있음을 보여줘야 합니다. 거창한 리액션이 아닌 적어도 고개를 끄덕이거나, 참가자의 눈을 마주하는 겁니다. 그것만으로도 참가자와의 라포르 형성은 이루어질 수 있습니다.

누군가의 발언 시간이 길어지거나 갑자기 대화가 다른 흐름으로 빠질 때가 있습니다. 가끔은 정치, 종교 등 이념이 대립되는 주제로 대화가 깊어지면 언성이 높아지거나 상대의 대화를 자르고 말하는 등 성숙하지 못한 토론 태도가 등장합니다. 이때 호스트는 대화의 결을 정해진 길 위로 다시 올려야 합니다. 상대의 발언을 제한 요청하는 등의 노력으로 대화의 흐름을 조절하는 게 필요합니다. 이러한 부분은 사람의 마음을 다치게 할 수도 있기에 여러모로 조심스러운 것이 사실입니다. 그러한 부담감 때문에 호스트를 꺼리는 사람도 많습니다. 그렇다면 모임 초반에 이런 말을 먼저 꺼내도 좋습니다.

"독서모임은 각자의 다양한 생각을 교류하는 자리입니다. 그러기 위해서는 한 사람이 아닌 다양한 사람의 이야기를 들을 필요가 있습니다. 말을 하다 보면 뜻하지 않게 호흡이 길어지거나 대화의 흐름이 다른 방향으로 흐를 때가 있습니다. 그럴 때 저는 '발언을 정리해서 말해주시면 감사하겠습니다'라는 말을 먼저 드리겠습니다. 모임 내 대화가 원활히 이루어지도록 하기 위한 방책이니 널리 양해 부탁

드립니다."

이 밖에도 모임에서 문제가 될 수 있는 부분이 있다면 운영자 혹은 참가자와 소통을 자주 해서 빠르게 보완하고 개선할 필요가 있습니다. 진행자가 모임에 미치는 영향이 꽤 크다는 점을 우리는 꼭 인지해야 합니다.

모임 실전
아이스 브레이크의 노하우

모임 구성, 선정 도서, 발문, 호스트 등 모임과 관련하여 세부적인 부분을 하나씩 알아보았는데요. 이제는 이를 바탕으로 당일에 어떻게 모임을 운영하면 되는지 전반적으로 한번 짚어보려 합니다.

평일 저녁 7시에 모임이 시작된다고 하여 모임의 '시작'을 저녁 7시로 두기보다는 조금 더 앞당기는 게 좋습니다. 스마트폰이 일상화되면서 독서모임을 진행하는 단체는 대부분 카카오톡, 밴드, 소모임 등을 활용한 편의성 소통창구가 있죠. 그곳을 활용해 모임 시작 전부터 가벼운 안내를 진행하면 좋습니다. 모임이 한 달에 한 번꼴로 이루어진다면 참가자로서는 일정을 다시 한번 상기하는 과정이며, 운영자로서는 모임 분위기를 예열하는 과정입니다. 소통의 주제는 발문, 참석 여부, 사담 등 다양하게 선택할 수 있습니다. 모임 시작 전부터 일정 온도의 발열이 되어 있으면 참가자들이 모임에 집중하는 데 필요한 시간을 조금이라도 줄일 수 있습니다.

정해진 시간에 사람들이 하나둘씩 모이면 진행자 역할을 하는 호스트는 참가자들에게 가벼운 안부를 묻습니다. 오히려 사람들이 모이기 시작하는데 공간이 고요하면 어색한 분위기가 만들어질 수 있죠.

한 번은 카페에서 모임을 하는데 모임 시작 15분 전에 1명을 제외한 인원이 다 모였습니다. 모두가 처음 보는 사이였죠. 서로 어색해서인지 음료를 마시며 핸드폰이나 책을 둘러보았습니다. 호스트는 아무 말 없이 커피만 홀짝이고 있었죠. 시작 5분 전에 나머지 1명이 왔을 때도 호스트는 크게 다르지 않았습니다. 그리고 정확히 저녁 7시가 되자 호스트가 모임을 진행했습니다. 차후에 참가자들은 "시간이 정말 안 가더라.", "뻘쭘해서 없는 음료만 계속 마셔댔다."는 반응을 보였습니다.

모임이 시작되면 각 진행자의 방식으로 가볍게 모임 분위기를 예열하면 됩니다. 준비된 발문을 허겁지겁 하기보다 책의 감상을 이야기하면서 라포르 형성에 초점을 맞춰야 합니다. 주의할 점은 감상을 이야기할 때 참가자에게 '가볍게' 말해달라고 요청해야 합니다. 형용사 하나가 부재함으로써 발문과 관련된 이야기가 시작되기도 전에 본격적인 이야기가 바로 시작될지도 모릅니다. 이러한 부분을 자연스럽게 넘길 수 있지만, 진행이 익숙하지 않은 사람에게는 갑작스러운 변수로 등장하죠. 모임에서 변수는 최소한으로 두는 게 모든 면에서 유리합니다.

감상이 끝나면 준비된 발문을 바탕으로 본격적인 대화를 시작합니다. 발문이 세 가지라면 시간 배분은 처음 혹은 두 번째 발문에 집중하는 게 좋습니다. 발문 순서대로 정확히 시간을 배분하면 좋지만, 그러기란 매우 어렵죠. 모임 시간이 쉬는 시간을 배제해도 2시간 이상 이어진다면 단순히 앉아서 대화하는 것만으로도 에너지 소모가 상당합니다. 특히 평일 저녁 모임은 사람들이 일터에서 일정 이상의 에너지를 쏟고 오죠. 독서모임이 일상의 새로운 활력소가 되어 에너지를 채워주는 역할을 하지만, 현실적으로 그렇지 못한 경우도 많이 있습니다.

진행자의 판단 아래 본격적인 이야기를 나눌 분위기가 만들어졌다고 생각되면 첫 번째 발문에 에너지를 쏟아도 좋습니다. 발문 수는 진행의 편의를 위한 부분도 있으니까요. 정성을 들여 세 가지 발문을 준비했다고 해서 모든 발문을 시간 내에 꼭 해야만 한다는 강박은 진즉 놓아두는 게 좋습니다. 억지로 끌고 갔을 때 좋은 성과로 이어질 수 있으나, 자연스럽게 발문별 시간 배분이 이루어지는 게 이상적입니다.

모임 시간이 2시간 정도라면 꼭 쉬는 시간을 가질 필요는 없습니다. 2시간 정도는 한 번에 모임을 진행하는 게 참가자들의 몰입 측면에서 훨씬 낫다고 판단합니다. 물론 연령별로 중장년층이 많다고 판단되면 휴식을 해야 할 필요성이 있습니다. 만약 쉬는 시간 없이 진행하려면 모임 전에 참가자들에게 사전 안내를 통해 화장실에 가거나, 통화와 관련된 이야기를 전할 필요가 있습니다. 정해진 휴식 시간이 안 되었음에도 자리를 뜨는 이유는 대부분 정해져 있죠. 그러한 점을 예방한다면 모임의 만족도를 높일 수 있습니다.

모임 잘 마무리하기

예정된 시간에 맞춰 준비된 이야기가 끝났다면 모임을 마무리할 준비를 해야 합니다. 모임이 끝날 때쯤 중요한 세 가지가 있습니다.

첫 번째는 발문에 관해 어떠한 결론을 내리기보다는 열린 결말의 형태가 낫습니다. 가끔 좌우로 의견이 나뉘며 모임이 마무리될 때가 있는데, 이때 호스트가 자기 생각을 가미하여 한쪽 의견에 힘을 더하면 기울어진 운동장이 되어 버립니다. 호스트가 좋아하거나 모임을 많이 진행했던 책이라면 더욱 그럴 가능성이 농후하죠. 저 또한 호스트로서 중립을 지켜야 함을 알면서도 일련의 의견을 더해 모임의 결과를 도출할 때가 있었습니다. 끝나고 나서야 '아차' 하지만 지나간 버스는 돌아오지 않죠. 호스트도 참가자로 여긴다면 단순히 의견 제시로 볼 수 있습니다. 그러나 일부에게는 생각을 공유하는 개념이 아닌 이미 정해진 답을 억지로 밀어 넣는 것으로 여길 수 있기에 참가자의 폭넓은 사고에 부정적인 영향을 끼칠 수 있습니다. 특히 전문성이 뛰어난 진행자일수록 이 점을 유념해야 하죠. 전문가의 말 한 마디는 어디서든 꽤 영향력이 있으니까요.

두 번째는 다음 모임에 대한 안내입니다. 일회성 모임이 아니라면 다음 모임의 일정 및 도서 등을 안내해야 합니다. 참가자에게 일정을 상기시킴으로써 다른 일정과 겹치는 것을 최대한 방지할 수 있습니다. 도서가 정해지지 않았다면 도서를 선정하는 과정이 필요하죠. 당일 참가자만을 대상으로 해도 되며, 온라인 소통창구를 통해 전체 의견을 반영해도 괜찮습니다. 만약 일회성 모임이라면 단체와 단체 내 다른 모임에 대한 간략한 안내가 필수입니다. 참가자가 기존 모임에서 만족했다면 참가해보지 않은 다른 모임에도 호감을 보일 확률이 높습니다.

세 번째는 기록을 남겨야 합니다. 기록의 중요성은 대

개 참가자보다 운영자의 관점에서 이루어진다고 볼 수 있습니다. 장기적으로는 모임의 역사를 위해서이며, 단기적으로는 홍보에 최적화된 방법이죠. 텍스트로 남기려면 포스트잇, 큰 도화지 등에 당일 나누었던 시간에 관하여 가벼운 소감을 작성합니다. 사진을 찍는다면 참가자 전체가 나오면 좋습니다. 단, 개인 사유로 얼굴이 나오지 않길 원하는 사람도 있습니다. 그렇기에 사진을 찍을 때는 이런 말을 꼭 전해야 합니다. "모임의 홍보를 위해 SNS에 올릴 수 있습니다. 만약 얼굴이 나오지 않길 원하신다면 책으로 얼굴을 가려주셔도 괜찮습니다." 이 또한 불편을 느낀다면 사람이 아닌 책과 관련된 사진 등으로 기록을 대신할 수 있습니다.

정해진 시간이 끝나면 호스트와 참가자들의 의견에 따라 뒤풀이가 이루어지기도 합니다. 앞서 언급했듯 독서모임의 뒤풀이에는 무언가 모를 특별함이 있습니다. 정규모임만큼이나 뒤풀이를 기다리거나 좋아하는 사람이 꽤 있는 이유가 아닐까 합니다. 뒤풀이가 없다면 온라인 방에서 사진을 공유하거나, 귀가 안부를 물으며 모임의 여운을 조금이라도 더 길게 남길 필요가 있습니다. 이는 운영자와 참가자 모두에게 긍정적인 영향을 미칠 수 있습니다. 무엇이든 시작만큼이나 끝이 중요한 법이니까요.

독서모임 실패하지 않는 법 1
호스트가 길을 잃어서는 안 된다

모임의 운영자이자 진행자인 호스트는 독서모임의 질을 결정하는 주요인입니다. 즉 호스트의 모임을 대하는 태도와 일부 진행 역량에 따라 참가자의 독서모임 지속성이 결정된다고 볼 수 있습니다. 만약 호스트가 모임에서 길을 잃으면 그 모임은 산으로 갈 확률이 매우 높습니다. 그렇다면 참가자는 어떠한 감정을 느끼고, 이후 어떠한 판단을 할까요?

3년 전쯤에 한 독서모임에 참가할 때입니다. 선정 도서는 괴테의 『젊은 베르테르의 슬픔』이었죠. 괴테의 필력을 세상에 널리 알린 명작이자, 베르테르 효과라는 심리학 용어가 생길 정도로 많은 사람에게 영향을 미친 책입니다. 참가자들이 간단히 자기소개를 마친 뒤 호스트가 진지하게 말을 꺼냈습니다.

"죄송한 말씀을 드리겠습니다. 저는 이 책을 두고 오늘

모임을 진행하지 못할 것 같습니다. 제 인생 책이기도 하며, 여러모로 아픔을 느끼는 책입니다. 모임에서 이야기 나눌 부분은 전해드린 종이에 적어놓았습니다. 순서대로 편하게 이야기 나누시면 됩니다."

순간, 귀를 의심했습니다. 진행자가 진행하지 않겠다고 선포해버렸으니까요. 마치 〈오프라 윈프리 쇼〉에서 호스트인 오프라 윈프리가 "죄송합니다. 오늘은 날씨가 우울해서 기분이 좋지 않네요. 진행은 방청객이 직접 알아서 해주세요."라고 하는 것과 다를 바 없지 않을까요. 오히려 몸이 안 좋았다면 이해라도 할 수 있었을 것 같습니다. 아마도 다른 사람들도 저와 비슷한 생각이 아니었나 싶습니다. 저와 마주 앉은 한 명은 갑자기 얼굴이 붉어지기까지 했으니까요. 별도의 참가비가 있었습니다. 돈이 아까워서라도 2시간 동안 참가자들과 대화를 나눴습니다. 물론 발언의 배분은 적절히 되지 않았고, 산도 몇 번 올라갔습니다. 모임 내 참가자가 9명이었습니다. 2~3명의 목소리는 자기소개 이후로 거의 듣지 못했습니다.

이와 비슷한 경우가 몇 번 더 있었습니다. 기억나는 모임으로는 에밀 아자르의 『자기 앞의 생』, 나쓰메 소세키의 『마음』, 다자이 오사무의 『인간 실격』이 선정 도서였을 때입니다. 좋은 책들인 만큼 읽고 느꼈을 감정의 폭과 깊이를 충분히 이해합니다. 하지만 모임을 책임지는 호스트로서는 좋지 못한 선택임이 분명합니다. 한 호스트는 앞서 말한 이유와 비슷한 말을 하고서는 사과의 표현을 전하고 자리에서 일어났습니다. 제가 운영진이었기에 대신하여 호스트로서 모임을 진행했습니다. 준비된 발문은 '이 책을 읽고 든 느낌은 무엇인가요?'가 전부였습니다. 몇 번을 읽었던 책이었기에 그나마 다행이었지만, 그렇다고 해도 여러 이유로 등에는 식은땀이 흘렀죠. 나머지 두 명의 호스트는 사과의 말과 함께 침묵으로 모임을 함께했습니다. 별도의 발문도 없는 상태였죠. 모임이 끝난 후 한 사람이 화내듯 호스트에게 이 상황을 따져 묻기도 했습니다. 그러나 상대는 별다른 말을 하지 않고 모임을 마무리했습니다.

호스트가 길을 잃는 순간들

한 모임에서 호스트를 오래 하면 매너리즘에 빠지기도 합니다. 직장인이 업무의 지루함에 못 이겨 퇴사를 생각하는 상황과 비슷합니다. 처음에는 다양한 사람들의 매력적인 생각을 듣는 것만으로도 즐거움이 존재합니다. 자신이 생각하지 못한 관점을 접할 때는 즐거움이 배가됨으로써 일상의 지루함을 벗어나게 해주는 활력소가 되기도 하죠. 그런데 계속해서 비슷한 주제의 이야기를 듣다 보면 비슷한 결의 대화가 이어짐을 알게 되죠. 문학보다는 주로 자기 계발, 인문학, 심리학, 철학 도서 모임 등에서 발생하는 편입니다. 발문에 따라 대화가 정해진 틀 안에서만 움직일 확률이 높습니다. 그러한 부분이 지속되면 사람들의 이야기에 별다른 감흥을 느끼지 못하게 되어 모임을 진행할 동력을 잃게 됩니다.

이와는 반대로 호스트가 모임에 많은 관여를 할 때도 문제가 발생합니다. 유발 하라리의 『사피엔스』를 두고 모임을 할 때였습니다. 참가자 한 사람이 책의 내용을 설명하며 진화론과 관련한 이론을 이야기했습니다. 사실 여부는 명확히 알 수 없었지만, 저는 한 가지 정보를 알게 되었다는 데서 나름의 만족을 느꼈습니다. 그런데 호스트가 갑자기 억양을 높이며 거짓 이론을 퍼트리면 안 된다고 이야기했죠. 다른 사람들도 깜짝 놀랄 정도의 억양과 말투였습니다. 호스트는 이십여 분간 자신이 아는 이론에 관해 이야기했습니다. 모임이 끝날 때까지 그 참가자는 더는 아무 말을 하지 않았고, 그 뒤로는 모임에서 보지 못했습니다. 호스트의 의견이 사실인지는 알 수 없습니다. 진화론과 관련해서는 연구가 계속해서 이어지고 있죠. 다만 호스트가 진화론에 관한 전공자도, 관련 업계에서 일하는 사람도 아니었습니다. 혹여 호스트의 말이 맞다고 해도 충분히 다르게 대처할 수 있었을 겁니다. 호스트의 전문성이 모임을 풍성하게 하는 데 도움을 줄 수 있습니다. 하지만 단언은 언제나 조심해야 하죠. 특히 역사, 종교, 정치, 성(性) 등 누군가에게 민감한 주제일수록 한 번 더 고민 후 발언할 필요가 있습니다.

호스트는 배가 잘 항해할 수 있도록 노를 젓기도 하지만, 주체는 키를 잡는 사람입니다. 참가자들이 발언하지 않을 때는 모임의 원만한 진행을 위해 자신이 이야기를 꺼내며 시범자로서 분위기를 이끌고 갈 수 있어야 합니다. 이 과정을 유연하게 하면 우수한 호스트라고 볼 수 있죠.

로버트 치알디니의 『설득의 심리학』으로 모임을 할 때였습니다. 호스트가 3시간 모임 중에 절반을 자기 의견으로 채웠죠. 그렇다고 전문가라고 말할 수는 없었습니다. 단지 한 사람의 의견이었죠. 한 참가자는 그러한 상황에 기분이 언짢았는지 "저희도 이야기 좀 하겠습니다."라고 했을 정도였습니다. 아마도 저를 포함해 참여자의 다수가 모임에 만족을 느끼지 못했을 확률이 높습니다.

물론 강의 형태의 일방향적인 독서모임도 존재합니다. 그런 모임은 호스트가 모임 시간의 다수를 할애하여 이야기하기도 하죠. 그러나 일반적인 독서모임에서 호스트는 발언권이 최소화되어야 할 필요가 있습니다. 모임 시간은 한정되어 있기 때문이죠. 독서모임에 참가하려는 사람들은 듣기보다 말하기 위해 자신의 귀중한 돈과 시간을 지급하는 편임을 잊어서는 안 됩니다.

호스트로서 모임에 매너리즘을 느낀다면 참가자로서 독서모임에 참가하길 권장합니다. 한 달에 한 권도 읽지 못하는 현대인이 두 권을 읽기란 쉽지 않죠. 그러나 다른 모임에서 자기 생각을 마음껏 펼치며, 자신의 지친 마음을 위로할 수 있습니다. 어쩌면 삶에 큰 영향을 미칠 좋은 도서를 만날지도 모릅니다. 북텐츠에서 호스트인 클럽장들에게 시즌 참가권을 무료로 제공하는 이유입니다. 북텐츠는 시즌별로 20개 전후의 모임을 기획합니다. 바쁘고 편독이 심한 사람이라도 마음에 드는 모임을 찾아서 참가할 수 있을 테죠.

다른 모임에 참가한다면, 그 모임을 진행하는 호스트의 모습을 관찰해보면 좋습니다. 자신이 한 분야의 전문가일지라도 누구에게나 배울 부분은 존재하죠. 전문적인 모임 진행 과정을 교육받지 않았다면 대부분 자기만의 상식으로 모임을 진행합니다. 도서 선정, 라포르 형성, 발언권 배분, 마무리 등 자신에게 도움이 될 무언가를 찾을 수 있습니다. 그 무언가가 호스트로서 좋지 않은 습관 같은 것이라고 할지라도 말이죠. 참가자로서 몸과 마음을 환기하고 다시 자기 모임으로 돌아온다면 처음 호스트를 시작할 때의 즐거움을 만날 수 있을지도 모릅니다.

독서모임 실패하지 않는 법 2
운영자의 동기부여가 중요하다

책 읽기를 원하고, 사람과의 대화를 싫어하지 않는다면 누구든 독서모임을 만들 수 있습니다. 체계적인 시스템이 없어도, 별도의 공간이 없어도 괜찮죠. 보증금이나 인테리어와 같은 자본이 들어가지 않는다면 독서모임을 그만둬도 손해라고 말할 부분이 특별히 없습니다. 자본주의 사회에서 손해의 개념은 대부분 돈의 영역에서 결정되죠. 독서모임은 별다른 수입이 되지 않더라도 모임을 지속할 수 있습니다. 좋은 사람들과 좋은 대화를 하는 것만으로도 독서모임을 해야 하는 이유는 충분하니까요. 사회생활과 이익을 우선으로 하는 인간관계에 싫증이 났다면 독서모임에서 삶의 활력소를 발견할 수도 있죠. 그런데도 모임이 계속해서 생겼다가 사라지길 반복하는 주된 이유는 운영자의 동기와 깊은 관련이 있습니다.

동기는 어떠한 목표를 이루기 위해 행동을 촉진하는 역

할을 합니다. 동기가 꾸준히 유지되지 않으면 목표에 닿는 시간이 점점 길어지죠. 그런데 동기를 유지하기란 여간 어려운 일이 아닙니다. 누군가는 뻔하디뻔한 이야기로 치부하는 자기계발서가 꾸준히 팔리는 이유일 겁니다. 독서모임 운영자도 마찬가지입니다. 모임의 목적이 취미건, 수입이건 상관없이 모임을 시작하던 때의 마음가짐을 꾸준히 끌고 나가기는 여러모로 어렵습니다. 우리 주변에는 동기를 해치는 요인이 너무나 많으니까요.

독서는 쉽지 않은 행위입니다. 한 권의 책을 완독하려면 식사 한 끼에 해당하는 비용과 최소 2~3시간을 투여해야 하죠. 그렇다고 특별히 자격증이나 학위를 주는 것도 아닙니다. 대부분 자기만족에 가깝죠. 누군가에게 독서는 사치에 가깝습니다. 이토록 어려운 독서를 기반으로 둔 독서모임 운영이 쉬울 리 없습니다. 그저 책모임이라는 생각으로 마음 편하게 운영하면 내·외부에서 생각지도 못한 스트레스를 받아 지속할 동기가 떨어지게 되죠. 저는 20대에 취업, 영어, 볼링, 여행 등 다양한 사모임을 운영했지만, 독서모임 운영이 가장 손이 많이 가는 듯합니다. 물론, 에너지소모에 따른 성취가 가장 크긴 합니다.

운영자의 동기를 해치는 두 가지 요소

운영자의 동기를 해치는 요소는 표면으로 드러나는 부분과 드러나지 않는 부분이 있습니다. 표면으로 드러나는 요소 중 대표성을 띠는 건 시간입니다. 독서모임에서 운영자의 시간이란 단순히 한 권의 책을 읽고 모임을 진행하는 데만 적용하지 않죠. 어떤 조직이든 마찬가지겠지만, 운영에 들이는 시간은 각자의 생각보다 더 많을 확률이 높습니다.

운영자에게는 일정한 책임감이 존재합니다. 나의 일에서 오는 책임감이자, 모임이 잘 되어 참가자들이 좋은 가치를 발견했으면 하는 바람에서 오는 책임감입니다. 만약 참가비용이 비싼 편이라면 상대적으로 책임감은 더 커지게 되죠. 모임에 들이는 시간은 책임감에 비례한다고 볼 수 있습니다. 모임에서 참가자들의 만족도가 더 높아지기 위해서 기획 단계부터 많은 시간을 쏟는 이유일 겁니다.

한 예로 문학 관련 도서를 선정하려면 자신이 읽었던 도서를 둘러봐야 하죠. 딱 떠오르는 책이 있다면 좋지만, 그렇지 않다면 어쩔 수 없이 조금 더 시간을 들여 모임에 적합한 도서를 찾으려고 노력해야 합니다. 오히려 책에 진심이거나 다독가일수록 어려운 과정입니다. 도서와 커리큘럼이 정해지면 모집 홍보를 진행해야 해요. 개인 SNS를 비롯해 각종 웹사이트, 카페 등에 모임 홍보가 필요하죠. 이와 동시에 모임 준비를 해야 하죠. 좋은 발문을 찾으려면 꼼꼼히 책을 다시 읽어야 합니다. 이 과정은 상대적으로 꽤 지난할 수 있습니다. 이 밖에도 참가자의 모임 만족도를 높이기 위해서는 더 많은 일이 남았습니다. 자연스럽게 투여되는 시간이 증가하게 됩니다.

들인 시간 대비 손에 쥐는 돈이 많지 않을 확률이 높습니다. 단순히 취미 형태로만 여겨 수익을 신경 쓰지 않는다고 해도 문제로 치부할 수 있습니다. 심신이 지쳐 있거나, 모임에 매너리즘을 느낄 때쯤이면 들인 시간 대비 금액을 확인하는 자신을 발견할 수 있죠. 결국 모임에 들이는 시간이 아깝고 돈도 안 된다는 느낌을 받기 시작하면 동기를 유지하기 위한 탄력을 잃게 됩니다. 안정적인 수익을 추구하는 목적을 지닌 유료 독서모임이라면 그러한 속도는 빨라지고, 진폭은 커지게 됩니다.

표면으로 드러나지 않는 부분은 사람들의 평가입니다. 들이는 시간과 노력이 참가자의 만족으로 이어진다면 충분히 동기가 지속될 수 있습니다. 부모가 자식 밥 먹는 것만 봐도 배부른 마음이라고나 할까요? 그러나 사람과 사람이 모이는 자리에 사건이 발생하듯이, 예상하지 못한 문제가 늘 등장하죠. 이에 대한 운영자의 대처가 원만하지 않으면, 참가자의 평가는 화살이 되어 운영자에게 날아옵니다. 발문이 왜 이렇게 엉망인지, 발언권은 왜 공정하게 주지 않는지, 자기 발언은 왜 중단시키는지, 왜 이렇게 사담이 많은지, 찬반 토론은 왜 하지 않는지, 왜 이렇게 시끄러운 카페에서 해야 하는지, 디카페인 커피는 왜 없는지, 왜 이 책이어야 하는지, 사람은 왜 이렇게 많은지, 사람은 왜 이렇게 적은지 등 평가의 대상이 될 부분은 무척이나 다양하죠. 아이러니하게도 무료에 가까운 모임일수록 날카로운 화살이 들어옵니다. 이 모든 화살을 받아본 한 사람으로서 그다지 기분이 유쾌하진 않습니다. 이러한 타인의 평가가 쌓이면 아물지 않은 상처 위에 상처가 덧나버림으로써 더는 아물 수 없게 되기도 하죠.

운영자가 동기를 유지하는 법

이러한 방해 요소에 휘둘리지 않고 동기를 지속 유지하려면 욕심을 내려놓을 필요가 있습니다. 타인의 기대와 평가에 휩쓸리지 않고 자신이 추구하려는 모임을 꾸준히 이어가면 됩니다. 들이는 시간을 돈에 대입하면 평범한 사람인 이상 실망의 단계에 들어서며, 더 나아가서는 후회로 이어질 수 있습니다. 돈의 개념을 떠나 독서모임을 하는 그 순간의 즐거움을 우선으로 둔다면 동기를 유지하면서도 재미있는 모임을 즐길 수 있죠. 즐거움이 수익으로 이어진다면 추가적인 기쁨이 될 수 있습니다. 그렇다고 눈과 귀를 막으라는 의미가 아닙니다. 객관적으로 판단했을 때 부족한 부분은 겸허히 받아들이되, 작은 화살쯤은 굳건히 받아낸다는 마음으로 묵묵히 걸어가는 겁니다.

모임의 목적성이 뚜렷한 편이라면 더 나은 방향을 위해 꾸준히 노력해야 합니다. 열심히 준비한 모임에서 한 명이라도 더 많은 사람이 만족하려면 지금보다 더 많은 시간과 노력을 들여야 하죠. 폭넓고 깊게 책을 읽고, 재미있는 기획을 구성하며, 사람들과 끊임없이 소통해야 합니다. 다른 모임은 어떻게 모임을 기획하고 운영하는지, 그곳에서 배울 것은 없는지 꾸준히 관찰하고 탐구할 필요가 있습니다. 독서모임 운영자와 함께 소통하는 것도 중요하죠. 프롤로그에 부산시 연제구 평생학습센터에서 진행했던 사람책 이야기를 기억하시나요? 그러한 모습이야말로 동기를 유지하면서도 더 나은 모임을 만들기 위한 최선의 노력이 아닐까 합니다.

독서모임 관련 이론을 둘러보는 것도 권장합니다. 시중에 독서모임 관련 논문이나 도서가 많지는 않지만, 약간의 검색만으로도 필요한 자료를 충분히 찾을 수 있습니다. 지금의 책도 그러한 마음으로 담은 부분이 크죠. 논문처럼 어려운 내용은 아닐지라도 같은 고민을 하는 사람의 이야기를 텍스트를 통해 보고 듣는 겁니다. 아마도 이 책을 손에 쥔 분들이라면 독서모임과 직간접적인 연관성을 가진 분들일 테니까요. 이 책을 통해 직접 만나게 된다면 더할 나위 없이 좋은 시간이 되겠죠.

저도 이러한 노력들을 계속해서 이어가도록 끊임없이 노력 중입니다. 동기가 상승하지는 않더라도 유지하길 바라는 진솔하면서도 적확한 마음이죠. 언젠가는 이러한 노력이 사소하지만 가치 있는 빛으로 발하길 바라면서요.

Q1. 나이가 어리거나 많은데 참가해도 되나요?

지난가을, 글쓰기 모임을 열었을 때의 일입니다. 60대로 보이는 한 남성분이 자기소개를 하면서 이런 이야기를 하셨죠.

"아이고, 제가 나이도 많은데 이런 곳에 참여해도 되나 모르겠습니다. 받아주셔서 감사합니다."

독서모임 운영 초기였다면 이 말 자체가 조금 어색하게 들렸을 겁니다. 글을 쓰고 싶어서 자기 돈을 주고, 자기 시간을 내어 온 자리인데, 받아주셔서 감사하다니요. 일부 글쓰기 모임에서는 일련의 글을 받아 평가한 후 참가 여부를 결정하지만, 대부분 모임은 정원 내에서 참가비만 내면 누구나 참여가 가능하죠. 그러나 모임을 지속하다 보면 그 말에 담긴 속뜻을 모를 리 없습니다. 이와는 반대의 경우도 있습니다. 한 번은 SNS 계정으로 "제가 열아홉 살인데요. 고등학생은 아니에요. 참가할 수 있을까요?"란 문의가 왔었죠. 모임이 공공연하게 성인을 대상으로 운영되었으나, 별다른 나이 제한을 두지는 않았습니다. 그러나 이 말의 의미 또한 모를 리 없었습니다.

독서모임을 하다 보면 나이와 관련된 이야기를 꽤 많이 듣습니다. 나이가 많은데 혹은 나이가 적은데 참석해도 괜찮은지에 대해서죠. 그러한 문의를 하는 사람들은 자신의 나이를 독서모임을 하는 데 일련의 장애물로 여깁니다. 그것도 꽤 두껍고 높은 장애물이죠. 그러한 데는 사회에서 나이가 가지는 일반적 관념이 있기 때문이 아닐까 합니다.

나이가 많다는 건 그만큼 많은 경험을 했다는 의미와 일맥상통할 수 있습니다. 경험의 터널을 오래도록 지나다 보면 자연스럽게 각각의 상황에 대한 관점이 뚜렷해지죠. 이는 세상을 살아갈 굳건한 힘이 되지만, 가끔은 유연함을 잃어버리는 이유가 되기도 합니다. 반대로 나이가 적다는 건 상대적으로 경험을 덜 했다는 의미가 되며, 경험의 터널을 아직 한참이나 지나가야 한다는 걸 의미합니다. 생각이 유연할 수 있지만, 아직 자기 주관이 올곧게 자라지 못했을 수 있습니다. 이처럼 관습처럼 박혀버린 진한 관점들이 독서모임에서 누군가에게 폐가 되지 않을까 하는 기우가 되어버립니다. 우리는 상대의 나이를 듣고 상대의 지식과 경험을 판단하기도 하며, 동시에 나이에 따른 사회적 이미지도 고정해버리는 오류를 범하고 맙니다.

나이로 인해 발생할 수 있는 '문제'를 사전에 방지하기 위해 일부 모임은 일정 나이대의 사람들만 모집합니다. 또래 모임만의 장점이 있습니다. 처음 만났음에도 공감대를 높여가며 친밀도를 빠르게 높일 수 있죠. 그 또래가 공감할 수 있는 책을 두고 이야기한다면 친밀도의 속도는 더욱더 빨라질 거예요. 그러나 독서모임의 가장 큰 특징 중 하나인 다양한 생각의 공유는 적절히 발휘되지 못할 확률이 높아서 대화의 끝은 대부분 비슷한 결로 이어지게 되죠.

그런데 막상 독서모임을 하다 보면 나이는 그다지 중요한 문제가 되지 않음을 경험합니다. 한 번은 모임에서 20대 초반의 여성과 40대 중반의 남성이 함께한 적이 있습니다. 두 사람은 그 모임에서 가장 나이가 적고, 많은 사람에 해당했습니다. 도서는 최광현 작가의 『가족의 두 얼굴』이었습니다. 가족의 이야기가 들어가는 만큼 대화의 깊이가 얕은 책은 아니었죠. 사회가 바라보는 나이의 관점에서 둘의 의견은 부딪힐 수 있었습니다. 그러나 둘의 공감 거리는 그리 멀지 않았습니다. 서로의 이야기를 경청하며 상대의 의견을 존중했습니다. 그러한 데는 40대 남성의 유쾌한 첫 소개가 큰 역할을 했다고 봅니다.

"대충 둘러보니 제가 이 중에서 가장 나이가 많은 것 같습니다. 그래도 젊은 분들의 이야기를 듣기 위해 어렵게 나왔습니다. 여러분의 이야기를 경청해서 잘 듣도록 하겠습니다."

독서모임에서 생물학적 나이가 빛나기 위해서는 숫자의 높낮이를 떠나 자신이 가진 무언가를 잠시 내려놓아야 합니다. 지식일 수도, 경험일 수도, 사회적 위치일 수도 그리고 살아온 기간만큼의 사상과 신념일 수도 있습니다. 그 순간 사람과 사람이 소통하는 데 나이는 큰 걸림돌이 되지 않음을 알게 됩니다. 둘은 한 시즌이 끝날 때까지 공감의 거리가 적절히 유지되었습니다.

한 방송사의 TV 프로그램에 박중훈 배우가 나와서 어머니에게 들은 이야기를 전한 적이 있습니다. 제게는 유명한 자기계발서에 나온 그 어떠한 명언보다 더 깊게 와닿은 말이었는데요, 지금의 글에도 적절히 녹아들 수 있을 것 같습니다. 특히 나이 때문에 독서모임을 머뭇거려 하는 누군가에게는요.

"어린아이 너무 나무라지 마라. 내가 걸어왔던 길이다.
노인 너무 무시하지 마라. 내가 갈 길이다."

Q2. 독서 초보인데 참가해도 괜찮나요?

독서모임 참가 의사가 있는 사람에게 나이보다 더 많이 듣는 질문은 독서 수준에 관한 것입니다. 독서 수준이 낮은데 모임에 참가해도 되는지, 독서 수준이 꽤 높은 편인데 그에 걸맞은 모임은 어디인지를 묻습니다. 수준이란 단어보다 '초보'라는 단어를 주로 사용하기에 독서 경력으로 표현하는 것이 더 어울리지 않을까 생각해보았으나, 대체로 기간을 의미하는 경력과는 무관한 내용이 더 많았기에 수준이란 단어가 적절한 듯합니다.

독서 수준이란 말은 참 모호합니다. 독서란 누군가와의 경쟁이 아니기 때문이죠. 단순히 책을 읽고 이야기 나누는 행위에 수준이라는 게 성립될까, 의구심이 들기도 합니다. 그러나 우리는 사회라는 시스템에서 살아가는 한 존재로서 독서를 비롯한 대부분 행위에 수준 혹은 등급을 매기고 있음을 부정하긴 어려울 듯합니다.

독서 수준은 대체로 독서 경력과 관련이 깊습니다. 한 사람이 묻길 "지난달부터 책을 읽기 시작했어요. 한 30년 만에 책을 읽는 것 같아요. 독서 수준이 높지 않은데, 모임에 방해가 되지는 않을까요? 책이 조금 수준 있어 보이기도 하던데요."라고 했습니다. 운동이나 공부를 오랫동안 한 사람과 갓 시작한 사람 간에는 일정 거리가 존재합니다. 독서도 마찬가지겠죠. 이제 막 독서를 시작한 사람과 오래도록 다독한 사람 간의 어휘, 문장력, 화법, 사유의 깊이 등 일정 거리는 존재합니다.

독서 수준은 책과 관련성을 보이기도 합니다. 책에는 귀천이 없다고 말하는 사람이 많으며 저 또한 그렇다고 생각합니다. 하지만 책을 일반적인 하나의 제품으로 생각 했을 때 책에도 일련의 수준을 평하는 경우가 많습니다. 한 예로 역사, 인문, 철학을 이야기하거나, 흔히 벽돌책이 라 불리는 보기만 해도 두꺼운 책은 생각의 깊이를 더하 고 사고의 폭을 넓힌다고 대개 판단하죠. 이러한 책들을 주로 읽는 사람은 독서 수준이 높다고 판단하는 경우가 많습니다. 한때 마이클 샌델의 『정의란 무엇인가』가 대학 생의 필수품으로 불렸던 이유도 비슷하지 않을까요. 이와 는 반대로 일상 에세이를 주로 읽거나, 판타지, 호러 소설 등 재미 위주의 장르 소설을 주로 읽는 사람들은 스스로 독서 수준이 높지 않다고 판단해버리는 실수를 하기도 합 니다.

책의 수준을 두고 이미 사회적으로 어느 정도의 범주 가 나뉜 사실을 모른 척할 수는 없습니다. 이러한 책의 수 준이란 오래전부터 있었던 일이니까요. 그런 점에서 독서 경력과 책의 수준이 독서모임 참가 유무에 영향을 미치지 않는다고 단언하기는 어렵습니다. 그렇다고 그렇게 큰 영향을 미친다고 말하기는 어려울 듯합니다. 일반적으로 독서모임은 책을 읽고 단순히 말을 내뱉는 방식보다 책을 읽고 난 후에 들었던 생각을 다양한 사람들과 공유하는 행위를 지향합니다. 책을 통해 습득한 지식뿐만 아니라 그동안 살아온 수많은 경험이라는 지식이 모임에서 열매를 꽃피우게 되는 거죠.

때로는 흔히 '가벼운' 책이라 말하는 도서를 선정하여 깊은 대화를 나누기도 합니다. 대표적인 예로 마스다 미리 작가의 저서를 들 수 있는데요, 마스다 미리 작가는 대부분 4컷 만화 형식으로 책을 구성하여, 누구나 쉽고 편하게 읽을 수 있습니다. 어쩌면 혹자는 수준이 낮아서 돈 주고 사기 어려운 책으로 여길지도 모릅니다. 그러나 책 안에는 일상에서 마주한 삶의 성찰이 깊게 드러나는 부분이 많아 독서모임에서 자주 선정됩니다. 1시간 만에 빠르게 책을 읽어도 3시간 이상의 깊은 이야기를 나눌 수 있는 이유입니다.

최근 많은 인기를 얻는 그림책도 마찬가지죠. 예전에는 나이가 어린 친구들이나, 가벼운 마음으로 책을 읽고 싶은 어른들이 접하는 도서로 치부되었습니다. 그런데 이제는 성인이 꼭 읽어야 하는 도서의 역할을 하기도 합니다. 『나는 사실대로 말했을 뿐이야!』, 『알사탕』, 『괴물들이 사는 나라』 등의 도서는 나이와 독서 수준 상관없이 읽어야 하는 책이라고 봅니다.

도서와 관련하여 독서모임의 참가 조건은 분명한 편입니다. 어제 책을 읽기 시작했어도 참가할 수 있으며, 그동안 만화책만 읽었어도 괜찮습니다. 몇몇 독서모임에서는 『슬램덩크』, 『20세기 소년』 등 유명 만화책을 두고 이야기 나누기도 하죠. 기존에 읽던 책보다 수준이 높다고 생각하는 책을 읽으면 완독조차 쉽지 않을 수 있습니다. 그러나 그것을 완독할 수 있도록 하는 게 독서모임의 역할입니다. 완독의 횟수가 늘어나면 각자만의 독서 습관이 잡히고 동시에 독서모임에서 얻는 가치는 더욱 커집니다. 이와는 달리 책의 수준이 있는 모임에 참석을 원한다면 그에 맞는 모임을 만들거나 소개하는 것도 독서모임의 역할입니다.

Q3. 주변에 책을 읽는 사람이 아무도 없어요.

독서모임에는 다양한 매력이 있습니다. 그런데 그러한 매력을 알면서도 비용, 시간, 도서 등 여러 여건상 기존에 있는 모임에 참여하기 힘든 사람이 있습니다. 그런 상황에서 가장 좋은 방법은 스스로 개설하는 것이죠. 하지만 여기서도 문제가 발생합니다. 막상 모르는 사람을 모아서 모임을 진행하기에는 무언가 부담스러우며, 자신이 개설해도 되는지에 대해 부끄러움을 느끼기도 합니다. 그렇게 되면 핸드폰을 꺼내어 전화번호부를 뒤적이게 되죠. 아는 사람들과 이야기하면 조금 더 편하게 모임을 할 수 있을 것 같으니까요. 하지만 다시 한 번 벽을 만납니다. 자기 전화번호에는 자신처럼 책을 읽는 사람이 없음을 발견하게 됩니다.

코로나19 이후 성인 독서량은 물론 성인 독서율도 떨어지고 있습니다. 즉 성인들이 책과 점점 멀어지고 있다는 의미이죠. 물론 자신이 평소에 잘 아는 사람일지라 해도 그 사람이 책을 읽는지, 글을 쓰는지 명확히 알 수는 없습니다. 제 주위에 제가 글을 쓰고 책을 업으로 삼을 것을 예측했던 사람이 아무도 없었던 것처럼요. 그런데 분명한 사실은 자신 주위에 책을 읽는 사람보다 읽지 않는 사람이 더 많다는 사실입니다.

그렇다고 해서 독서모임을 해보겠다는 작지만 거대한

목표를 포기해서는 안 됩니다. 모임을 하고 싶다면 모임에서 이야기 나누기 좋은 도서 한 권을 선정해서 모임을 진행할 요일과 장소를 선정해보세요. 그리고 SNS를 한다면 과감하게 홍보글을 올려보세요. 당근마켓에 글을 올려도 됩니다. 별다른 반응이 없을 수 있습니다. SNS라고 해서 주위의 상황과 크게 다르지는 않으니까요. 그렇다면 친구 1~2명만 찾아보세요. 적어도 1명은 찾을 수 있을 겁니다. 모임당일에 친구와 둘이서 대화하는 자리라면, 막상 부끄러울수 있을 겁니다. 카페에서 기존에 나누던 수다와 크게 다르지 않을 수도 있죠. 그런데 중요한 건 시작입니다. 실제로많은 독서모임이 이런 식으로 모임을 시작하였습니다.

한 번은 작은 시골 마을에 사는 분이 위의 내용과 비슷한 이야기를 한 적이 있습니다. 저는 『건지 감자껍질파이 북클럽』 이야기를 전해드렸습니다. 프롤로그의 내용에도 담아두었듯이 책은 제2차 세계대전 도중 영국의 건지섬에서 발생한 북클럽의 이야기를 담고 있습니다. 전쟁 도중에도, 평소에 책을 제대로 접하지도 않는 사람들이 사는 그작은 섬에서도 독서모임이 열리는 거죠. 물론 그분이 문의한 내용과 책의 내용은 엄연히 다를 수 있으나, 그분은 제가 전달하고자 하는 바를 이해하셨던 것 같습니다. 얼마 후SNS 피드에 올라온 글을 보니 세대가 다른 5명이서 『건지 감자껍질파이 북클럽』책으로 독서모임을 시작한다는 내용이었거든요.

만약에 도저히 자신 주변에 책을 읽고 이야기 나눌 사람이 없다면 온라인을 적극적으로 활용해보시길 권장합니다. 긴 시간을 들여 타 지역에서 운영되는 모임에 가는 것도 좋지만, 여러 의미에서 지칠 수가 있거든요. 코로나19 이후 온라인 모임이 활성화되면서 모임의 수도, 종류도 다양해졌습니다. 평소에 한 번도 본 적 없지만 인스타 지인이라는 이유로 그들만의 독서모임을 만드는 곳도 많습니다. 지역에 묶이지 않도록 하는 게 온라인 독서모임의 가장 큰 이점이겠죠.

성인이 독서로부터 점점 멀어진다는 사실을 부정하고 싶지는 않습니다. 명백한 사실이니까요. 그러나 중요한 건 시작이라고 생각합니다. 이는 단순히 독서모임에만 해당하지 않겠죠. 시작을 위한 용기, 어쩌면 독서모임을 시작할 때 가장 중요한 부분이 아닐까 합니다.

Q4. 주변에 책 선물을 하고 싶은데 책 추천 좀 해주세요.

하는 일이 책과 관련된 일이라 주변에서 책 추천을 해달라는 요청을 자주 받습니다. 저는 한 달에 5~6권의 책을 읽지만, 남들 앞에서 다독가라 말하진 않습니다. 주변에 정말 다독가라 말할 수 있는 분들이 꽤 되시거든요. 그런데 제 업의 특성상 다독가'처럼' 보이는 모양입니다. 주변에서 책을 쓰시는 분들에게 물어보면 그분들도 비슷한 상황이라 하시더라고요.

책 추천을 요청하시는 분들은 자신이 읽을 책을 추천받길 원하기도 하지만, 주변에 책을 선물하고 싶은 마음에 요청하기도 합니다. 사실 그럴 때마다 부담스럽기도 합니다. 누군가는 제가 추천한 책이 상대의 마음에 들어 제게 고마움을 표하기도 했지만, 반면에 그렇지 않은 경우도 종종 있었기 때문이죠. 한 번은 제 책 지식이 폄하되기도 했습니다. 책으로 먹고 사는 사람이 고작 '그딴' 책을 추천하느냐고 말이죠. 제게는 좋은 책이었는데, 상대에게는 그러지 못했던 모양입니다.

그러한 연유로 생각보다 책 추천을 잘 하지 않는 편입니다. 지난해에 출간한 『우리가 글을 쓴다면』의 목차에도 책을 추천하는 부분이 있었는데요. 그때도 책을 꼭 집어 추천하기보다 제가 좋아하는 작가의 책 혹은 그들이 추천하는 책을 적었습니다. 혹시나 하는 마음 때문이었죠. 차라리 영화, 음악, 웹툰과 같이 제가 취미 영역에서 좋아하는 작품을 추천할 때면 오히려 마음 편하게 떠들 수 있습니다.

그럼에도 책을 추천할 때가 있는데요, 그럴 때는 단순히 제가 좋아하는 책을 추천한다기보다는 상대의 나이, 성별, 평소에 책 읽는 습관 등을 고려해서 5~10권 정도를 추천하는 편입니다. 그러고는 인터넷에서 꼭 내용을 찾아본 후 스스로 선택하라고 이야기합니다. 저는 책을 선택하는 1차 관문일 뿐이죠.

최근에는 한 지인이 세 명의 조카에게 책을 선물하고 싶다고 했습니다. 초등학교 4학년 여학생, 초등학교 6학년 남학생, 중학교 1학년 여학생이었습니다. 남학생은 평소에 책을 거의 안 읽는다고 했고, 중1 여학생은 평소에 책을 좋아한다고 했죠. 11~12살에게는 『노잣돈 갚기 프로젝트』, 『악당의 무게』, 『푸른사자 와니니』, 『샬롯의 거미줄』, 12~13살에게는 『페인트』, 『불량한 자전거 여행』, 『너도 하늘말나리야』, 13~14살에게는 『체리새우』, 『시간을 파는 상점』, 『세계를 건너 너에게 갈게』, 『달러구트 꿈 백화점』, 14살 위로는 『위저드 베이커리』, 『산책을 듣는 시간』, 『달의 바다』를 추천했습니다. 『회색 인간』은 나이와 상관없다고 덧붙였죠. 지인은 제가 추천한 책을 다 둘러보고는 4권을 구매하여 선물했다고 합니다. 다행히 책을 받은 아이들도 재미있었다고 했습니다.

가끔은 누군가에게 무언가를 선물하고 싶을 때 책을 추천하라고 선뜻 권하기도 합니다. 그 뒤에는 책을 추천해 달라고 요청해 올 것을 알고도 말이죠. 저는 책이 누군가에게 가볍게 선물하기에 참 좋은 '제품'이라고 생각합니다. 식사 한 끼에 속하는 가격으로 상대를 위하는 마음까지 전달할 수 있으니까요. 누군가의 생일이 아니어도 괜찮습니다. 명절, 여성의 날, 각종 기념일에 책을 한 번 선물해보는 건 어떨까요?

물론 책을 평소에 읽는 사람이라면 자신을 위해 책을 고른 정성까지 생각하여 더욱 고마워할 것입니다. 적어도 그 책을 선물하는 데는 분명한 이유가 있을 테니까요. 반면에, 평소에 책을 안 읽는 사람이라면 갸우뚱할지도 모릅니다. 그래도 '선물'이기에 라면 받침대로 쓰진 않을 겁니다. 적어도 서문은 읽어볼 것입니다. 다 읽지 못할 순 있지만, 그걸 계기로 독서의 세계에 들어오게 될지도 모릅니다. 독서모임에 참여한 한 분은 여자친구가 책을 선물해서 '어쩔 수 없이' 책을 읽게 되었는데, 그 책이 마음에 들어 독서를 계속하게 되었고, 독서모임까지도 오게 되었다고 했죠. 그 책은 이기주 작가의 『언어의 온도』였습니다.

이처럼 독서와 독서모임을 시작하는 계기는 다양합니다. 그 계기가 누군가의 마음이 들어간 행위에서 시작된다면 더할 나위 없이 좋을 것입니다. 만약 대상에 따라 일반 종이책을 읽기 힘들다면 큰글씨책, 오디오북 등 다양하게 접근할 수 있습니다.

Q5. 독서모임에 꾸준히 참가하기가 어려워요.

독서모임 단체를 운영하다 보면 오랜만에 뵙는 분들이 꽤 많습니다. 1년 정도 모임을 하다가 1년을 쉬고 다시 모임에 참가하는 경우죠. 그분들의 말을 종합해보면 크게 두 가지 이유로 모임에 참가하지 않는 경우가 많았습니다.

첫째는 바쁜 일상 때문입니다. 독서는 느림의 미학인 만큼 바쁜 현대인들이 살아가는 속도와 어느 정도 차이가 발생합니다. 그 차이를 메우는 게 각자가 가지는 독서의 가치일 텐데요, 그 안에는 독서모임도 속할 수 있습니다. 그런데 아무리 독서와 독서모임이 좋다고 하더라도 몸과 마음의 여유가 없다면 쉽지 않죠. 독서모임에 발을 내디디면서 적확히 느끼는 건, 독서모임은 마음에 여유가 있어야 지속할 확률이 높다는 것입니다. 각자의 일상에서 독서는 습관적으로 하는 분들이 꽤 있지만, 독서모임을 일상의 한 부분을 담는 분은 흔치 않죠. 결국 일상의 한 부분에서 독서모임은 빠지게 됩니다. 독서모임이 주는 가치가 크다 하더라도 독서모임을 안 한다고 해서 먹고사는 데는 큰 문제가 없기 때문이죠.

둘째는 모임 내 매너리즘 때문입니다. 처음에는 사람들의 다양하고 색다른 관점을 접할 수 있다는 데서 독서모임의 특별한 매력을 느끼지만, 이 또한 일상의 한 부분이 되면 매너리즘을 느끼게 되기도 합니다. 특히 모임의 특징이 잘 보이지 않고, 선정된 도서가 자기 마음에 들지 않으며, 어떠한 절차 없이 단순 수다로만 모임이 이루어진다면 그 매너리즘을 느낄 순간은 더욱 빨리 다가오죠. 혹여나 그 모임만의 매너리즘에 빠진 것은 아닐까 하여 다른 모임에 가도 큰 변화를 느끼지 못할 때가 많습니다. 그러면 독서모임을 더는 지속하지 못하게 됩니다. 만약에 일상까지 바빠지면 모임에 참여하지 못하는 기간은 더욱더 길어지겠죠.

독서모임은 대부분 '일'이 아닌 '취미'의 영역에 포함되기에, 자기 의지에 따라 모임에 출입이 가능합니다. 어떠한 계기가 없다면 모임에 나오지 않는 순간 다시 나오기까지 꽤 시간이 걸리며, 누군가는 독서모임과 더는 연을 이어가지 않기도 하죠. 그러나 독서는 개인적인 조건이나 상황의 영향을 많이 받기 때문에 그냥 방치하면 독서 생활이 흐트러질 가능성이 큽니다. 독서를 유지하기 위해 독서모임을 선택한 사람이라면 더욱더 그러할 테죠.

만약 앞선 두 가지 이유에 해당하는데 독서모임과의 연은 놓치고 싶지 않다면 몇 가지 방법이 있습니다. SNS를 둘러보거나 웹사이트에서 '독서모임'을 검색하여 자신이 원하는 도서를 두고 모임하는 곳에 일회성으로 방문해보는 것입니다. 만약 그러한 정보를 찾는 게 귀찮다면 요즘에는 각 단체마다 오픈톡 형식의 전체 소통창구를 두는 만큼 그 안에 머물러 있어도 좋습니다. 가끔은 돈에 의지하여 강제성을 부여해도 됩니다. 들인 돈이 아까워서라도 모임에 참여하다 보면 자연스럽게 매너리즘을 벗어날 수도 있습니다.

그것조차 어렵다면 적어도 독서와 멀어지지 않으려는 노력이 필요합니다. 평소에 독서 습관을 최대한 유지하려 노력할 필요가 있습니다. 만약에 독서 동기를 부여받고 싶다면, 작가와의 만남에 참여하거나, 독서모임을 하는 사람과의 대화도 충분히 긍정적인 도움이 될 수 있습니다. 독서 습관 형성을 위해 독서모임에 발을 내딛기도 하지만, 독서 습관이 무너지지 않았다면 언제든 독서모임에 참여할 준비가 되어 있는 것입니다.

가끔 기존 모임이 아닌 다른 독서모임에 가는 게 마음에 걸리는 사람도 있습니다. 만약에 지인이 모임 운영자라면 더욱더 그러할 테죠. 하지만 독서모임은 '자신'에게 맞출 필요가 있습니다. 모임이 자신에게 매력적으로 와닿지 않았다면, 그 부분은 운영자가 해결하여야 할 부분입니다. 독서모임을 부담이 아닌, 편안한 마음으로 참여하는 게 모임을 지속하는 좋은 방법입니다.

Q6. 아이들 독서모임은 어떻게 해야 하나요?

아이들을 대상으로 하는 독서모임도 성인 독서모임과 별다른 차이가 없습니다. 한 권의 책을 두고 함께 이야기 나눌 수 있는 공간에서 편하게 대화를 나누는 거죠. 다만 한 가지 다른 점은 성인과는 달리 아이들은 자발적으로 모임을 시작하지 않는다는 점입니다.

성인은 자신이 좋아하는 책을 한 권 선정하여 참가자를 모으거나, 그렇게 만들어진 모임에 참가하면 됩니다. 그러나 아이들은 그러한 여건 자체가 잘 형성되지 않기에 일정 시간이 지나기 전까지 어른들의 노력이 필요합니다. 어른이란 학부모와 교사 그리고 아이들의 모임을 이끌어줄 독서교육자를 의미합니다.

아이들 독서모임은 크게 두 가지 방법으로 진행할 수 있습니다. 한 가지는 어른이 리더가 되어 모임을 이끄는 방법입니다. 어른이 아이들에게 어울릴 만한 도서를 선정하며, 발문은 리더의 방향에 따라 호스트 발문 혹은 참가자 발문으로 진행할 수 있습니다. 이 방법은 아이들이 책만 읽고 온다면 큰 부담 없이 참여할 수 있으며, 일정 수준의 모임의 질을 보장할 수 있습니다. 다만 아이들이 상대적으로 수동적으로 참여한다는 점에서 일련의 한계가 있습니다.

이러한 부분을 해소할 방법으로 어른이 제외된 상태에

서 아이들끼리 모임을 진행할 수 있습니다. 처음에는 어른이 개입하지만 이후에는 도서 선정, 발문 등을 아이들에게 맡기는 겁니다. 어느 정도 학년이 된다면 모임을 이끄는 호스트, 내용을 정리하는 서기 등의 개별 역할을 부여해도 좋습니다. 이 방법은 아이가 스스로 책임감을 부여하여 능동적으로 모임에 참여한다는 이점이 있습니다. 모임 만족도가 올라간다면 덩달아 모임의 질도 올라갈 테죠.

어른들은 아이들이 모임하는 모습을 옆에서 지켜봐도 되며, 그렇지 않아도 괜찮습니다. 물론 어른들은 불안할 수 있습니다. 그냥 수다만 떨다가 시간만 보내는 것은 아닐지, 책을 잘못 이해하는 것은 아닐지 말이죠. 물론 이 단계까지 이어지기 위해서는 일련의 과정이 필요합니다. 그러나 이는 아이가 성장하는 과정으로서 독서모임이 어른들의 지시에 의해 하는 의무적인 모임이 아닌, 자기의 선택과 판단하에 진행하는 주체적인 모임으로 여길 수 있습니다.

모임의 시작은 학부모의 친분보다는 아이들의 친분에 중점을 두면 좋습니다. 모임이 제대로 진행되기 위해서는 4명 이상이 적당하지만, 아이들이 원한다면 1명 이상의 인원으로도 진행하는 편이 좋습니다.

어른이 개입하건 하지 않건 모임명을 비롯한 모임 내 세부 규칙은 아이들에게 맡기는 편이 좋습니다. 물론 필수로 이뤄져야 하는 일정 규칙은 어른이 제시할 필요가 있습니다. 아이들이 성장할 때까지 어느 정도의 울타리는 만들어줘야 하니까요. 저는 벌칙도 아이들 스스로 정하게 합니다. 성인이라면 자신에게 크게 해가 되지 않는 벌칙을 선택할 테지만, 아이들은 자신이 걸렸을 때를 잘 생각하지 않기에 재미있거나 독후감처럼 상대가 귀찮다고 느낄 만한 벌칙을 스스로 제안하게 됩니다.

어른이 모임에 개입되는 상황이라면 글쓰기를 활용할 필요가 있습니다. 아이들은 책 읽기보다 글쓰기를 훨씬 더 싫어하고 귀찮아합니다. 그렇다고 해서 단순히 책만 읽고 이야기 나누게 할 수는 없습니다. 글쓰기가 아이들에게 주는 이점은 책 읽기만큼이나 큽니다. 아이들이 글쓰기를 싫어하는 이유는 크게 세 가지로 볼 수 있는데요, 어른들에게 지적을 당해서, 별다른 이유 없이 귀찮아서, 그리고 어른들이 시키는 글쓰기는 대개 독후감이기 때문입니다. 즉 이 부분을 해소하면 아이들에게 글쓰기의 즐거움을 전달할 수 있습니다.

코로나19 이후 온라인 독서모임이 아이들을 대상으로도 자주 이루어지는데요, 물론 성인에게 적용되는 온라인 모임의 이점이 아이들에게도 적용될 수 있지만, 가능한 한 온라인보다는 오프라인을 권장합니다. 아이들에게 독서모임이 필요한 이유가 단순히 책을 읽고 글을 쓰기 위해서만은 아닙니다. 책과 글을 계기로 아이들을 다른 사람과 대화하며 소통하는 법을 배우기도 하죠. 그런 점에서 아직 오프라인에서 발생하는 생동감이 온라인에서 실현되기는 쉽지 않습니다.

퍼즐의 완성

손민지(4년차)

독서모임은 살며시 내게 다가왔다. 당시는 책을 치열하게 읽을 때였다. 하루 중 많은 시간을 직장에서 보내며 직장생활에 대한 회의감을 느꼈다. 내가 하나의 주체가 아닌 회사를 구성하는 작은 부품 같았다. 그래서인지 퇴근 후 책 안에 머무르는 시간이 점점 늘어났다. 독서는 나를 나답게, 단단하게, 내 자신을 존중하게 만드는 수단이었다. 그런데 치열하게 읽다 보니 그동안 쌓인 지식과 정보를 해소할 창구가 필요했다. 그래서 독서모임을 시작했다.

4년 전, 첫 독서모임의 기억이 아직도 생생하다. 그날만큼 다양하고 기분 좋은 자극을 받아본 적이 있었던가. 이후 책과 독서모임은 내 삶의 깊숙한 곳에 자리 잡았다. 독서모임의 매력 중 가장 큰 것은 다양한 환경에서 살아온 사람들이 '같은' 책을 읽고 '다른' 시각으로 '다양한' 생각을 나눌 수 있다는 점이다. 사람들은 자라온 환경이 다른 만큼 다양한 시각을 가지게 된다. '하나의 책은 그 책을 읽은 독자의 수만큼 새로운 책이 생긴다'는 누군가의 말처럼 독서모임에서는 다양한 해석을 만날 수 있었다.

독서모임이 끝나면 하나의 퍼즐을 완성한 느낌이 든다. 책을 읽는 동안 내가 보는 시각에서는 절대 얻을 수 없는 퍼즐 조각이 있다. 바로 완전히 다른 시각에서 바라본 생각의 퍼즐이다. 다른 사람들과 생각을 공유하면 비어 있는 부분의 퍼즐 조각을 얻을 수 있다. 마치 진귀한 보물을 손에 쥔 것만 같다. 가끔은 내가 갖고 있던 생각 조각이 상대방 의견을 듣고 바뀔 때도 있다. 그렇게 퍼즐을 완성시켜 간다.

나무의 나이테처럼 겹겹이 단단하게 쌓아왔던 내 생각과 가치관이 단 몇 시간 만에 변하는 경험은 언제나 흥미롭다. 더 깊은 사유와 다양한 생각을 얻는 일에는 고작 책 한 권, 책을 읽은 사람들, 그리고 그들과 함께 이야기 나누는 잠깐의 시간이 필요할 뿐이다.

자기 이야기를 하기에만 급급한 세상에서 서로의 이야기를 경청하고 존중하며 이해하는 과정은 일상생활에도 도움이 된다. 독서모임에 참가한 이후로 상대방의 의견을 경청하고 존중하는 일이 전보다 많아졌다. 같은 책을 읽고도 다르게 생각하는 이가 이렇게 많으니, 세상이 나와 다른 사람들로 가득하다는 것도 자연스러운 일이다.

독서모임을 처음 시작하던 때를 추억하며 4년간 얼마나 성숙해졌는지 생각해봤다. 4년이라는 시간이 무색하게도 과연 내가 내·외면으로 성장을 한 건지는 잘 모르겠다. 분명한 건 그래도 얻은 게 많다는 사실이다. 좋은 친구가 생겼고, 좋은 생각을 만났으며, 고민하고 반성하는 시간을 가졌다. 분명 그 시간 속에서 나라는 존재는 조금 더 단단해지고 유연해졌을 것이다.

읽는 사람은 쓰게 된다는 말을 믿는다. 책은 읽을수록 안에 쌓이기만 한다. 속에 쌓인 것을 정리하고 털어내려면 쓸 수밖에 없다. 읽고 쓰는 사람에게 꼭 독서모임을 추천하고 싶다. 글은 나만의 생각에 갇힌 결과물이지만, 독서모임을 하고 나면 이야기 나눈 사람들과 함께 만든 결과물을 얻을 수 있다. 어쩌면 그게 더 완성도 높은 결과물일지도 모른다.

책과 사람을 통해 나를 마주하기

윤슬기(3년차)

'나는 누구인가?'

20대 후반에 들어서면서 내게 가장 큰 고민이었다. 자아가 존재하는지, 나의 정체성은 무엇인지 의문이 들었다. 나는 이전까지 이런 본질적인 고민을 해본 적이 없다. 10대에는 좋은 대학에 들어가는 것, 20대에는 좋은 직장에 입사하는 것이 삶의 전부였기에 나는 그저 주어진 삶을 살아가는 수동적인 사람이었다. 20대 후반쯤 직업을 가지고 경제적으로 안정이 되면서 나에 대한 물음표가 내 머리 위로 쏟아지기 시작했다. 내가 무엇을 좋아하는지, 어떤 사람이 되길 원하는지, 어떤 가치관을 가지는지 등 '자기이해'가 절실히 필요했다.

자기이해를 위해 독서모임을 선택했다. 고백하자면 나는 책에 관심이 없는 평범한 학생이었다. 추리소설을 즐겨 읽는 것을 제외하면 과제를 위해 어쩔 수 없이 책을 읽는 정도였다. 그런 내게 독서모임은 굉장한 도전이었다. 그러한 데는 중요한 이유가 있었다. 자신의 욕구와 기호를 알고, 자신이 원하는 것에 도전하며 자기 삶에 몰입하는 사람들, 즉 자기이해가 높은 사람들은 대부분 책을 즐기고 사랑한다. 그들처럼 책을 통해 자기 탐색을 해보고 싶었다. 그러한 기반에는 책의 매력에 빠진 그들을 향한 부러움과 질투가 있었다. 그런데 혼자서는 꾸준히 읽기 힘들 것 같아, 스스로 모임 참여라는 족쇄를 채웠다.

2년간 독서모임을 하며 좋았던 점은 크게 세 가지이다.

첫째, 책 편식을 하지 않게 되었다. 혼자 독서를 하다 보면 자신도 모르게 책 편식을 하게 된다. 독서모임에서는 여러 사람이 다 같이 도서를 선정한다. 내가 원하는 책만 읽을 수 없다. 낯선 책을 읽으면서 내가 마주하기 싫었던 나의 가치관과 주관을 알게 되는 것은 굉장히 새롭고 신선한 경험이었다.

둘째, 타인의 세계를 경험했다. 모임에서 책을 매개로 대화를 쌓아가다 보면 같은 책도 N번 읽는 효과가 나타난다. 그 과정에서 타인을 이해하는 관점의 폭이 커진다. 다양한 배경과 서로 다른 관심사를 가진 이들과 의견을 나누는 것은 세상을 바라보는 시야와 생각의 폭을 넓히는 데 큰 도움이 된다.

셋째, 나의 생각을 논리정연하게 전달할 수 있게 되었다. 내가 책을 읽고 든 생각을 말로 전달하는 것은 다른 차원의 이야기이다. 첫 독서모임에서 의견을 말할 때의 그 떨림과 긴장감을 아직 잊지 못한다. 논제 토론을 위해 책을 꼼꼼하게 읽고 내 의견과 근거를 정리하여 조리 있게 말하는 연습을 하다 보면, 내가 어떤 생각을 가진 사람인지 논리정연하게 정리할 수 있다.

우리는 시간이 날 때마다 사유하고 또 사유해야 한다. 그러기 위해 끊임없이 자신에게 사유할 수 있는 질문을 던져야 한다. 자신에게 질문을 끊임없이 던지고 답을 찾는 과정을 반복하다 보면 '나'를 알 수 있지 않을까?

내게 '독서모임'이란 수많은 경험을 하는 것이고, 그 경험들이 켜켜이 쌓이는 과정을 통해 '나는 누구인가?'라는 질문의 답을 찾아가게 되는 자기이해의 행위이다. 내가 책을 읽는 것, 일기를 쓰는 것, 사람들을 만나고 소통하는 것도 결국 나라는 사람을 제대로 알아가기 위한 일이다. 앞으로도 책과 시간을 통해 나 자신을 마주하는 시간이 많아지길 바란다.

벼락치기식 독서모임 준비의 기쁨

목지수(10년차)

천성적으로 뭔가를 꾸준히 하는 성격이 아니다. 학창시절 시험도 늘 벼락치기였고, 미술과제도 전날에 헤어드라이기로 말려가며 붓칠했다. 이후에 사회에 나와서 일을 하면서도 그랬고, 생각해보니 결혼도 그랬던 것 같다. 가끔은 신기할 따름이다. 이렇게 살아도 한 개인의 인생이 유지되다니. 그런데 내 천성과 달리 꾸준하게 하는 습관 같은 게 있다. 바로 독서모임이다.

초등학교 6학년 때였다. 각 학교에서 1명씩 대표를 선발해 시내 주요 시립도서관에서 독서교실을 운영했다. 각 학교의 대표들은 여름방학과 겨울방학 동안 하루에 한 권 이상의 책을 읽고 독후감을 제출하며 토론도 하는 고강도의 독서훈련 코스였다. 나도 그중 한 명이었다. 덕분에 이전에는 가본 적 없던 도서관에 가볼 기회가 생겼고, 덤으로 다른 학교 친구들도 사귀게 되었다. 여기서 덤이란 것을 독서모임의 중요한 역할로 규정하고 싶다. 독서모임의 하이라이트는 책을 좋아하는 사람을 만나는 것이니 말이다.

이후 중학교에 올라가서도 이 모임은 지속되었다. 한 달에 두 번씩 도서관의 빈 공간을 빌려 자유롭게 토론도 하고 나이대에 맞게 다양한 놀거리를 찾아다녔다. 모임에 참여하기 위해 전날에 밤을 지새우기도 했다. 그때 어떻게 해서든 책을 완독하는 습관이 생겼던 것 같다. 이후 고등학생이 되어서도 독서모임이 이어졌다. 각자 성숙해진 만큼 모임도 더욱 진지해졌다. 당시의 친구들은 사회인이 된 지금도 소중한 인연으로 남아 있다.

어렸을 때부터 책과 친숙했기 때문일까, 아니면 이것도 어떤 습관인 걸까. 아무튼 나는 책을 구매하는 취미를 가지게 되었다. 신입사원 시절에 받던 쥐꼬리 수준의 월급에도 아랑곳하지 않고 닥치는 대로 책을 사 모았다. 다치바나 다카시의 고양이 빌딩이라도 지을 기세였다. 집 안의 모든 방에는 책장이 놓이기 시작했다. 책이 전시품이 되는 걸 막아준 건 일하면서 만난 사람들과의 독서모임이었다.

기존에 하던 모임과는 달리 주로 새벽이나 심야에 독서모임을 했다. 일정을 맞추는 게 최대 관건이었는데, 어렵게 시간을 쪼개서 다들 모인 만큼 어떤 날은 저녁에 모여서 새벽 2~3시가 되어야 모임이 끝나기도 했다. 모임이 즐거워서였을까. 피곤하지만 피곤하지 않았다. 직업의 특성상 늘 새로운 트렌드와 전략에 대한 갈증이 컸는데, 그동안 사다 모은 책들이 달리 보이기 시작했다. 책을 산다는 건 구매 당시의 필요가 고스란히 반영된 것일 텐데, 책장 가득 수북하게 진열해 놓은 책들을 그제야 하나둘씩 꺼내 읽기 시작했다.

운이 좋게도 내 주변에는 책을 가까이 하는 사람들이 많고, 책 이야기로 시작해서 책 이야기로 끝나는 모임도 많다. 그들과 함께하는 시간 속에서 나는 생의 새로운 과제를 발견하기도 하고, 다양한 삶의 대안들과 마주하기도 한다. 20, 30대 때는 독서모임에 나가서 내 생각을 멋지게 말하고 나면 너무 뿌듯했다. 타인의 시선을 느끼는 것이 즐거웠음을 고백하지 않을 수 없다. 지금도 마찬가지다. 하지만 점점 타자의 다른 관점에서 새로움을 느끼고, 무한히 증식되는 생각의 고리들 속에서 유영하는 시간이 오히려 더 즐겁다.

곧 50이라는 숫자를 앞두고 있다. 그런데 나는 내일의 독서모임을 위해 오늘도 밤늦도록 벼락치기 독서를 하며 신음을 흘려보낸다. 주경야독은 나에게 딱 맞는 독서습관이고, 독서모임을 준비하는 완벽한 자세라는 생각이 든다.
언제나 늘 그렇듯.

독서의 온도 모임의 체온

초판 1쇄 발행 2023년 1월 30일

지은이 김성환
펴낸이 강수걸
기획실장 이수현
편집장 권경옥
편집 신지은 강나래 오해은 이선화 이소영
디자인 권문경 조은비
펴낸곳 산지니
등록 2005년 2월 7일 제333-3370000251002005000001호
주소 부산시 해운대구 수영강변대로 140 BCC 613호
전화 051-504-7070 | 팩스 051-507-7543
홈페이지 www.sanzinibook.com
전자우편 sanzini@sanzinibook.com
블로그 http://sanzinibook.tistory.com

ISBN 979-11-6861-128-3 03000